知库

政治与哲学

—

时代与哲学

苏维迎　著

九州出版社
JIUZHOUPRESS

图书在版编目（CIP）数据

时代与哲学／苏维迎著．－－北京：九州出版社，
2023.11

ISBN 978－7－5225－2400－9

Ⅰ.①时… Ⅱ.①苏… Ⅲ.①马克思主义哲学—发展
—研究—中国 Ⅳ.①B27

中国国家版本馆 CIP 数据核字（2023）第 212484 号

时代与哲学

作　　者	苏维迎　著
责任编辑	姬登杰
出版发行	九州出版社
地　　址	北京市西城区阜外大街甲 35 号（100037）
发行电话	（010）68992190/3/5/6
网　　址	www.jiuzhoupress.com
印　　刷	唐山才智印刷有限公司
开　　本	710 毫米×1000 毫米　16 开
印　　张	10
字　　数	135 千字
版　　次	2024 年 3 月第 1 版
印　　次	2024 年 3 月第 1 次印刷
书　　号	ISBN 978－7－5225－2400－9
定　　价	78.00 元

前　言

　　我出生于解放前夕的一个贫苦家庭，中华人民共和国成立后，能有机会读书，"文化大革命"时回乡务农。在恢复高考的 1977 年，幸运地考上了大学，有了在政府工作的机会，也当上了处级干部。中国共产党领导的社会主义制度，使我能够享受这种恩泽，同时见证了中国变富变强的伟大历程。

　　"文化大革命"时回乡以后，我积极参加农业生产劳动，有业余时间就自觉学习社会科学方面的知识，特别是伟人和哲学大家的哲学著作。几年以后，我的思想有了变化，经常会用马克思主义经典作家阐述的哲学原理和方法思考他们在著作中是怎样分析、观察和解决问题的，在头脑中学习用马克思主义经典作家们的思想和方法分析和思考一些历史问题和社会现实。在不断的学习和思考中，我逐渐形成一个信念：马克思主义经典作家们的思想之所以能够作为指导无产阶级革命运动的强大思想武器，除了他们的精神、品质、情怀、理想、信念、刻苦和天才外，他们创立和应用马克思主义的唯物的、辩证的、历史的、科学的世界观和方法论，才能站得高、看得远。我暗自下决心学习马克思主义经典作家的精神，特别是学习好哲学的世界观和方法论，走好人生路。

　　大学毕业参加工作以后，对哲学的兴趣有增无减。遇到有关哲学的书籍和文章，我都学习，并充分利用业余时间，结合时事政治理论进行思考性的学习。对哲学的感情也从兴趣转向对现实的思考。20世纪90年代开始，我有了这样一种想法，中国共产党领导中国人民建立了新中国，从被压迫被剥削的阶级变成国家的主人，同时进行了社会主义伟大实践，对照马克思主义学说创立的时候，初心不变，地位变了，观察和解决社会主义问题的视角和方法也必须改变，哲学的方法论必须与时俱进。

20世纪90年代中期，我得到苏昌培主编的《特色论》这本书，邢贲思先生给予该书很高的评价，他认为"从哲学上研究'特色'问题将起到开创的作用"。一直到现在，我没有再看到关于"特色"的哲学论著。这本《特色论》，我经常学习，受益颇多，更坚定了我关于中国特色社会主义应该而且必须有自己的哲学世界观和方法论的信念。

这本书动笔也有十多年了。我运用马克思主义的唯物和辩证的观点，特别是毛泽东同志的《实践论》和《矛盾论》的精神，以《特色论》为基础，尽量从广视野、宽领域、深层次、系统地梳理、分析和综合中国特色社会主义实践和理论的哲学方法问题，把自己对特色和对矛盾问题的认识和感悟表述出来，希望能起到抛砖引玉的作用。

这本书的书名为《时代与哲学》。一百年来，中华优秀传统文化对马克思主义的吸引、撞击和互动，特别是新民主主义革命的伟大胜利和中国特色社会主义的伟大成功，中华民族迅速崛起于世界，世界进入新时代。由此催生并创立的中国特色社会主义理论，是以中华民族优秀文化为主体的马克思主义哲学的世界观和方法论。正如习近平同志2016年5月17日在哲学社会科学工作座谈会上郑重指出的，只有以我国实际为研究起点，提出具有主体性、原创性的理论观点，构建具有自身特质的学科体系、学术体系、话语体系，我国哲学社会科学才能形成自己的特色和优势。

　　坚定的是信念，燃烧的是热血，辛勤的是践行。中国特色思想在中国诞生，得马列主义、毛泽东思想之精髓，开社会主义运动新境界，展世界新格局新时代。中国特色思想火炬必将一代一代传递下去。

苏维迎

2022 年 3 月于泉州

目　录
CONTENTS

01

第一篇

关于中国特色社会主义
的哲学思考

哲学是关于世界观的思索。"思"即思想、知，"索"是实践、行，世界观的思与索的辩证统一改变了世界，促进了社会进步、人与自然和谐、事业兴旺、人生发展。

中国共产党诞生100多年来，高举马克思主义伟大旗帜，带领人民翻身当家作主，同时推进中国特色社会主义伟大实践，使贫穷落后、人口众多的中华民族，在短时间内创造了有目共睹的人间奇迹，不断推进中国特色社会主义的理论创新，坚持、丰富和发展了马克思主义。习近平总书记指出："当代中国的伟大社会变革，不是简单延续我国历史文化的母版，不是简单套用马克思主义经典作家设想的模板，不是其他国家社会主义实践的再版，也不是国外现代化发展的翻版，不可能找到现成的教科书。"① 中国特色社会主义实践和理论是以中国特色的哲学观为基础和核心而形成的。中国特色的哲学观将为丰富和发展马克思主义哲学，为社会主义展现更加广阔的前景，为世界发展和人类文明提供中国智慧和中国方案。

---

① 习近平：《习近平谈治国理政》第2卷，外文出版社2017年，第344页。

第一章

中国特色社会主义创造了"中国奇迹"

中国自 1840 年鸦片战争失败以后，积贫积弱，任人宰割。为了民族的复兴，无数的仁人志士、革命先烈，前仆后继，进行了艰苦卓绝的斗争，均以失败告终。中国未来的命运将向何方？十月革命一声炮响，给我们送来了马克思列宁主义。1921 年 7 月 23 日，中国共产党成立，并把马克思列宁主义作为党的指导思想，以实现共产主义为奋斗目标。毛泽东同志把马列主义与当时中国革命的实际相结合，发表了大量文章，特别是《实践论》《矛盾论》等，创立了新民主主义革命理论指导了中国的革命战争，最终取得了新民主主义革命的胜利，形成了"毛泽东思想"。

中华人民共和国成立之初，是一个革故鼎新、改天换地的时期。面对重重困难，党领导人民恢复国民经济，以中国独有的形式实现了对农业、手工业、资本主义工商业的社会主义改造，建立了社会主义制度，完成了由新民主主义向社会主义的过渡。社会生产力有了较大发展，人民生活有了提高，实现了中国历史上最伟大最深刻的社会变革，开始了社会主义道路上实现中华民族伟大复兴的历史征程。在当时这样一个经济文化落后、人口众多的东方大国建设社会主义，犹如攀登人迹未至的高山，没有大道可走，没有路径可循，只能依靠人民的伟力和制度的优势，最终创造了一个个可以载入中华民族和人类史册的奇迹。在不断摸索的路上，遭受了"文化大革命"这样的严重挫折，惨痛教训必须永远吸取。无论平坦还是崎岖，党领导人民探索社会主义道路的脚步永远向前。

在党的十一届三中全会，我们党把马列主义、毛泽东思想与中国实际进行结合，解放思想，实事求是，全面深入地总结和反思中华人民共和国成立后社会主义建设正反两方面的经验教训，全面推进社会主义实践。党的十二大报告指出，我国的社会主义社会现在还处在初级的发展阶段，重申这个阶段的基本矛盾是人民日益增长的物质文化需要同落后的社会生产之间的矛盾。邓小平同志作为党的第二代中央领导集体核心，向历史、向未来、向世界庄严宣告：建设有中国特色的社会主义，走自己的路。我们党确立了以经济建设为中心，以改革开放为基本点，坚持社会主义道路、坚持共产党的领导、坚持马克思主义、坚持人民民主专政四项基本原则的中国特色社会主义的总路线和基本方针。邓小平同志指出："马克思主义的基本原则就是发展生产力。""贫穷不是社会主义，社会主义要消灭贫穷。不发展生产力，不提高人民的生活水平，不能说是符合社会主义要求的。"[1] 改革开放，解放和发展社会生产力，是社会主义制度的自我完善和发展。四项基本原则从根本上规定了我国社会主义建设的根本性质、特征和方向，对改革开放和现代化建设起着政治保障作用。中国特色社会主义和现代化建设实践的不断发展，形成了邓小平理论。经过不断地实践探索，不断把中国特色社会主义向前推进，又形成"三个代表"重要思想、科学发展观，构成了中国特色社会主义理论体系，进而形成习近平新时代中国特色社会主义思想，不断

---

[1] 邓小平：《邓小平文选》第3卷，人民出版社1993年，第116页。

推进社会主义理论的发展和创新。中国特色社会主义的伟大实践，使我国的综合国力、科技实力、国际影响力不断增强。2020年国内生产总值突破100万亿元，2021年达114.37万亿元，稳居世界第二位，对世界经济增长贡献超过30%。我国人民生活水平已经进入中等收入国家行列。神州大地面貌日新月异，公路成网，铁路密布，西气东输，南水北调，高坝矗立，大桥巍峨，天堑变通途。区域发展协调性增强，特色化格局形成，经济特区、上海自贸区、经济带、海南自由贸易港、"一带一路"倡议、京津冀、粤港澳大湾区协同发展，成效显著。香港和澳门顺利回归，青藏公路、国产航母、港珠澳大桥等重大项目顺利实施。5G，"嫦娥"飞天、"蛟龙"入海、"天眼"组网、登陆火星等重大科技成果问世；经受住了亚洲金融危机和国际金融危机严峻考验。中国对外贸易、对外投资、吸引外资、消费总额均居世界前列。中国已成为全球第一货物贸易大国、第一大外汇储备国、第一大制造国、产业门类最齐全的国家、第一旅游大国，拥有全球最多的工程师、大学生和熟练工人。现行标准下7.7亿农村贫困人口脱贫，2020年完成了消除绝对贫困的艰巨任务，中国减贫人口占同期全球减贫人口70%。人民生活水平和质量得到大幅提高。中国用40多年的时间走完了西方发达国家二三百年所经历的现代化进程，创造了伟大的"中国奇迹"。中华民族进入新时代，中华民族迎来了从站起来、富起来到强起来的伟大飞跃。习近平总书记指出："今天，我们比历史上任何时期都更接近中华民族伟大复兴的目标，比历史上任何时期都更有信心、有能力实现这个目标。"①

---

① 习近平：《习近平谈治国理政》第2卷，外文出版社2017年，第57页。

一、中国共产党是现代社会最有特色的领导团队

毛泽东同志指出："领导我们事业的核心力量是中国共产党。"中国共产党的领导是中国特色社会主义最本质的特征。没有共产党就没有新中国，就没有中国的繁荣富强。中国共产党的领导地位，是在领导中国人民进行革命、建设和改革的长期实践中形成的，是人民的选择、历史的选择。党是领导一切的，是最高政治领导力量。党能不能发挥领导核心作用关键在于党的领路人。中国特色社会主义伟大实践已经证明，党的几代领路人邓小平、江泽民、胡锦涛、习近平，和毛泽东同志一样都具有无产阶级革命家的胆略、气魄和远见卓识，心系人民、国家、民族的命运，有着极高的理论修养和科学的思维方法，得到人民的信任、拥护和爱戴。有了他们掌舵，中华民族的历史巨轮朝着美好的彼岸乘风破浪。

中国共产党有强大的组织力量，建立了从中央到地方以至基层的党的完整的领导体系，保证党的统一领导，实现全党的统一行动。截至2021年6月5日，全国党员人数9514.8万名，基层党组织486.4万个。我们党具有最强的决策力、号召力和行动力。共产党员无论何时何地，在任何条件下，都要发挥先锋模范作用。这是党的特征、优势和特色，是中国特色社会主义事业必胜的根本保证。

习近平同志强调，早在延安时期，毛泽东同志就提出跳出"历史周期律"的课题，党的八大规定任何党员和党的组织必须接受自上而下和自下而上的监督，现在我们不断完善党内监督体系，目的都是形成科学管用的防错纠错机制，不断增强党自我净化、自我完善、自我革新、自我提高能力①。党只有自我革命，才能立于不败之地，这是我们党区别于世界上任何政党和组织的一大优势和特点。我党于1983年至1987年开展了整风运动，1999年至2000年开展了"三讲"教育活动，2005年至2006年开展了保持共产党员先进性教育活动，2008年至2009年开展了深入学习实践科学发展观活动，2010年至2012年开展了创先争优活动，2013年至2014年开展了党的群众路线教育实践活动，2015年开展了"三严三实"专题教育及"两学一做"学习教育活动，2020年开展了党史学习教育，这些都让党员爱党，遵守党的纪律，牢记党的宗旨，在思想上行动上同党中央保持高度一致，统一了认识，整顿了作风，加强了纪律，纯洁了组织；保证集中全党的意志，与群众心连心，确保集中力量办大事的政治优势。

习近平总书记强调："如果管党不力、治党不严，人民群众反映强烈的党内突出问题得不到解决，那我们党迟早会失去执政资格，不可避免被历史淘汰。"② 据统计，党的十八大至2021年年底，中央纪委共立案审查中管干部453人；全国纪检监察机关立案审查违法案件380.5万件，查处408.9万人，给予党纪政纪处分374.8万人；全国查处违反中央八项规定精神问题62.6万起，处理32.2万人。党的十九大至2021年年底，查处民生领域侵害群众利益问题39万起，处理35.9万人；查处扶贫领域腐败和作风问题28万起，处分18.8万人；查处黑恶势力"保护伞"相关案件9.3万件，处理8.4万人。2020年，全国共问责党组织7292个，问责党员领导干部、监察对象8.6万人，失责必问，问责必严成为常态。党的十九大至2021年6月，全国共有4.2万人主动找党组织、纪检监察机关投案。"天网行动"以来，2014年至2021年

①　习近平：《习近平谈治国理政》第2卷，外文出版社2019年，第185页。
②　习近平：《习近平谈治国理政》第2卷，外文出版社2019年，第43页。

底已从 120 个国家和地区追回外逃人员 9165 人，其中党员和国家工作人员 2408 人，追回赃款 217.39 亿元，"百名红通人员"已有 60 人归案。"这里面有一个关系共产党本质属性的选择：是得罪贪官，还是得罪 13 亿多中国人民？"① 我们党的反腐败工作要坚持无禁区、全覆盖、零容忍，坚持重遏制、强高压、长震慑，坚持受贿行贿一起查，一体推进不敢腐、不能腐、不想腐，全面从严治党永远在路上。我们党以壮士断腕、刮骨疗伤的决心，由"从严治党"到"全面从严治党"，从党的建设的"伟大工程"到"新的伟大工程"，在革命、建设、改革过程中不断取得新的辉煌。

中国共产党取得政权，走上开创人类历史的舞台。这个舞台是无数先烈用身躯垒筑、用鲜血浇灌而成的。在世界政党史上，没有一个政党像中国共产党这样，为了践行和实现自己的信仰，有如此大的决心。没有人民的支持，共产党能取得政权吗?! 党和群众的关系就是"舟"和"水"、"鱼"和"水"的血肉关系。我们党的初心和使命及其执政过程，毫无疑问必须一切为了人民，为了百姓，这是很简单的道理。我们党一直将全心全意为人民服务作为自己的宗旨，中国特色社会主义事业是为人民谋求幸福的事业。"民惟帮本，本固帮宁。""人心是最大的政治。"一个政党，一个国家，其事业成败取决于人心向背。江泽民同志提出了"三个代表"重要思想，强调把"始终代表中国最广大人民的根本利益"作为我们党始终保持先进性的一条原则。胡锦涛同志强调，必须更加自觉地把以人为本作为深入贯彻落实科学发展观的核心立场，始终把实现好、维护好、发展好最广大人民根本利益作为党和国家一切工作的出发点和落脚点。党的十八大以来，以习近平同志为核心的党中

---

① 董振华：《中国道路的成功密码》，北京联合出版社 2018 年，第 51 页。

央庄严承诺："人民对美好生活的向往，就是我们的奋斗目标。"中华人民共和国成立初期，我们国家的各级政府及部门的名称都冠以"人民"二字。党的十九大报告全文3万字，200多次提到"人民"。在几代共产党人一以贯之地接力为人民服务事业的砥砺前行中，中国从近代的积贫积弱，再到中国特色社会主义，发展为今天令世界瞩目的东方大国，证明了中国人民选择中国共产党领导的正确性，也证明了中国共产党选择为人民服务事业的正确性。习近平总书记在庆祝中国共产党成立100周年大会上的重要讲话中，总结、概括、提炼了我们党在百年奋斗历程中形成了坚持真理、坚守理想，践行初心、担当使命，不怕牺牲、英勇斗争，对党忠诚、不负人民的伟大建党精神，这是中国共产党的精神之源。伟大建党精神充分体现了中国共产党历史发展的主题和主线，即争取民族独立、人民解放和实现国家富强、人民幸福。百年奋斗，中国共产党从根本上改变了中国人民的前途命运，开辟了实现中华民族伟大复兴的正确道路，展示了马克思主义的强大生命力，深刻影响了世界历史进程，锻造了走在时代前列的中国共产党。

2020年10月召开的党的十九届五中全会审议通过了《中共中央关于制定国民经济和社会发展第十四个五年规划和二〇三五年远景目标的建议》，全会提出了到2035年基本实现社会主义现代化的远景目标。我们全面实现建成小康社会，胜利实现第一个百年奋斗目标。我们党又向时代宣告：中华民族正在向第二个百年奋斗目标迈进。

建党百年之际，党的十九届六中全会审议通过的《中共中央关于党的百年奋斗重大成就和历史经验的决议》，是我们党的历史上第三个历史决议，是我们党在新时期的政治宣言和行动纲领。全会全面总结了党的百年奋斗重大成就和历史经验，强调两个"确立"，将推动全党统一思想、统一意志、统一行动，弘扬伟大建党精神，团结带领全国各族人民开创未来，勇毅前行，在新时代坚持和发展中国特色社会主义，吹响实现第二个百年奋斗目标、实现中华民族伟大复兴的冲锋号，让中华民族的社会主义巨轮在预定的通往共产主义的航道上乘风破浪。我们的目的一定能够实现，我们的目的一定要实现。中国特色社会主义选择中国共产党作为领导核心，是历史的必然，是中国共产党一大特色，也是中国共产党作为主体不断优化的结果。

二、现代中国的社会主义道路是特色发展之路

社会主义运动是人类历史上最伟大、最深刻的社会变革。苏联由于社会主义制度刚建立还不完善，高度集权和粗放发展，生产关系不能适应生产力发展需要，同时阶级斗争扩大化导致经济滑坡、通货膨胀、民族矛盾尖锐，最后造成根本性的剧变。

邓小平说："社会主义的本质，是解放生产力，发展生产力，消灭剥削，消除两极分化，最终达到共同富裕。"[①] 我们的改革从人口占绝大多数、经济落后的农村突破。首先，普遍推行家庭联产承包责任制，采取包产到户和包干到户（大包干）两种形式，实行统分结合，双层经营。农村很快出现了专业户，甚至专业村、专业乡镇，农村产生了多种形式、多种层次的农村经济联合体。联合体成员的收入，实行按劳分配，又实行股金分红，这是我国社会主义所有制结构改革和有计划商品经济发展的必然结果。乡镇企业的发展是我国农业体制改革的又一重大突破，也是建设社会主义农业现代化的必由之路，同样是中国特色社会主义农村的特色发展之路。农村的改革极大地解放了农村生产力，只用了几年时间就解决了中国几千年没有解决的温饱问题。

---

① 邓小平：《邓小平文选》第 3 卷，人民出版社 1993 年，第 373 页。

农村改革后又开始着手城市改革，重点改革对象为国有大中型企业，改革方法主要是从经济体制入手。1992 年，进行企业股份制的试点工作。1997 年，党的十五大正式提出公有制实现形式可以而且应当多样化，以及"国家和集体控股，具有明显的公有性，有利于扩大公有资本的支配范围，增强公有制的主体作用"观点的出现，对于股份制的质疑声也逐渐消失了。随着对国有大中型企业实行了规范的股份制改革，建立现代企业制度，企业成为适应市场的法人实体和竞争主体。股份制改革的成功凸显了中国特色社会主义制度的优势。公有制的实现形式可以多样化，其包括发展股份制和混合所有经济制度。党的十六大明确提出：公有制为主体、多种所有制经济共同发展，是我国社会主义基本经济制度。必须毫不动摇地巩固和发展公有制经济，必须毫不动摇地鼓励、支持和引导非公有制经济发展。党的十七大、十八大、十九大都重申了"两个毫不动摇"。这"两个毫不动摇"也郑重写入了宪法。现阶段，我国经济发展已进入新常态，主要任务是调结构、去产能、补短板，加快转变经济发展方式，提高经济发展质量和效益。一个国家主动改革不适应生产力发展的生产关系，这在人类历史上是从来没有过的，创造了中国特色社会主义。

在对外开放上，邓小平同志在 1978 年 10 月接见外国代表团时就说："我们实行开放政策……要根据新的情况确定新的政策。"1980 年 8 月，批准设立深圳、珠海、汕头、厦门 4 个经济特区。1984 年 5 月，确定开放天津、上海等 14 个沿海港口城市。1985 年 2 月，又批准将长江三角洲、珠江三角洲和闽南厦漳泉三角地区划为沿海经济开放区。1992 年，开放了 5 个沿江城市和三峡库区；开放了 4 个边境和沿海地区省会城市；开放了 13 个沿边城市，鼓励发展边境贸易，与周边国家展开经济合作；开放了 11 个内陆省会城市。2001 年 12 月 11 日，中国正式成为世贸组织的第 143 个成员，这为中国在全球经济中拓展发展空间提供了平台。2013 年，成立上海自由贸易试验区。中国又提出建设"丝绸之路经济带"和"21 世纪海上丝绸之路"。后来开放了海南自由贸易港、粤港澳大湾区和建设雄安新区，我国的对外开放拓展了新的方向，提高了对外开放的格局与水平。我国在相对封闭的情况下进行了有计划、不同层次的梯度开放，引进外资、技术及管理，对加快社会主义发展起到了十分重要的作用。

我国改革开放 40 多年，从"计划经济为主，市场调节为辅"，逐步放开部分产品的市场价格，实行政企分离和社会主义有计划的商品经济政策，经过长时间的实践和理论探索，明确了社会主义市场经济体制的目标，找到了一条具有中国特色的社会主义经济发展道路，将市场在资源配置中的起基础性作用转变为起决定性作用。市场化改革的实质就是民主化、多元化、分工化、专业化、协同化、规范化、法制化和社会化，市场经济的本质就是民主经济、自主经济、自发经济、协同经济和共享经济。市场经济是人类社会发展分工的必然产物，建立和完善中国特色社会主义市场经济体制是中国改革和发展的客观要求和必然结果。中国的经济改革，"展现了从实践突破到认识突破，再到新的实践突破和新的认识突破，并不断循环往复，达到新的实践和认识高度的历史逻辑"①。现代中国的社会主义道路是强国之路、富民之路、实践之路、特色之路。

中华人民共和国成立以来，我们国家在大力发展社会生产力的同时，十分重视共同富裕问题，对共同富裕目标的认识越来越深化，共同富裕的实践经验越来越丰富，道路也越走越宽广。

---

① 厉以宁：《改革开放 40 年大家谈》，人民出版社 2018 年，第 8 页。

　　共同富裕是社会主义的本质规定和奋斗目标，也是我国社会主义的根本原则。共同富裕是全体人民的富裕，共同富裕就是在消除两极分化和贫穷基础之上的普遍富裕。

　　2020年，我国消除了绝对贫困，共同富裕迈出了可喜的一步。党的十九大提出，到2050年"全体人民共同富裕基本实现"。党的十九届五中全会进一步提出，到2035年"全体人民共同富裕取得更为明显的实质性进展"。为了促进共同富裕，我们国家防范化解了重大金融风险，并做好了金融稳定发展工作。2021年6月10日，《中共中央国务院关于支持浙江高质量发展建设共同富裕示范区的意见》（以下简称《意见》）印发。该《意见》要求到2025年，共同富裕示范区取得明显实质性发展，推动共同富裕的体制机制和政策框架基本建立。到2035年，浙江省高质量发展取得更大成就，基本实现共同富裕，共同富裕的制度体系更加完善。相信，在中国共产党领导下，中国特色社会主义的共同富裕一定会如期实现。

三、马克思主义和中华文明融合发展引领现代中国特色社会主义

　　中国特色社会主义的改革开放，以马克思主义为指导，在实践中坚持用马克思主义分析解决实践中的问题，总结形成中国特色社会主义理论，继续指导和解决实践中不断出现的新情况新问题，创立了中国特色社会主义理论体系，继而发展成为习近平新时代中国特色社会主义思想，丰富和发展了马克思主义。这是马克思主义理论和中华民族优秀文化历史逻辑的统一，也是马克思主义理论和中国现实逻辑的统一，是认识论、实践论和特色论的统一。

　　邓小平同志坚持马克思辩证唯物主义和历史唯物主义，于1977年4月给中共中央的信中指出："我们必须世世代代地用准确的、完整的

毛泽东思想来指导全党全军和全国人民，把党和社会主义事业，把国际共产主义运动的事业，胜利地推向前进。"① 而后，全国开展"实践是检验真理的唯一标准问题"的讨论，这是个哲学问题，是个思想路线问题，又是个政治问题，是关系到党和国家的前途和命运的重大事情。党的十一届三中全会具有划时代里程碑的意义，确立了实事求是的思想路线，从以阶级斗争为纲转向经济建设，从封闭和墨守成规转向改革开放。实践标准的理论升华形成了实事求是的思想路线，经济领域和组织路线的拨乱反正，标志着社会主义建设新局面的出现。我们党坚持历史、辩证的态度，一切从实际出发，着手平反冤假错案的"人心工程"，这些为中国特色社会主义的顺利开展做了思想准备、组织准备和行动动员，开始了中国社会主义的特色之路。

邓小平同志坚持辩证法的共性和个性的统一，把马克思列宁主义、毛泽东思想应用于中国的社会主义建设和改革开放，创立的中国特色社会主义理论，符合马克思、恩格斯对不同国家社会主义革命和建设不同的发展道路的探索。社会主义在不同国家、不同民族具有不同的特点和不同的发展道路。

马克思、列宁都曾有过论述，社会主义只有创造出比资本主义更高的劳动生产率，才有生机和活力，才能增加吸引力。中国特色社会主义思想坚持和发展了马克思主义原理，深刻阐述了社会主义和发展生产力的关系，对社会主义正本清源。邓小平同志指出："不坚持社会主义，不改革开放，不发展经济，不改善人民生活，只能是死路一条。"②

实践观点是中国特色社会主义思想的根本观点。实践观点是形成中

---

① 《中国共产党重大事件纪实》编委会：《中国共产党重大事件纪实》第4卷，内蒙古人民出版社2001年，第1791页。

② 邓小平：《邓小平文选》第3卷，人民出版社1993年，第370页。

国特色社会主义思想的理论前提和理论源泉。坚持实事求是就是坚持实践第一的观点。习近平总书记指出："坚持实事求是不是一劳永逸的……在一个时间一个地点坚持实事求是得出的结论、取得的经验，并不等于在变化了的另外的时间另外的地点也能够适用。"① 所以，坚持实事求是和坚持实践的观点是辩证统一的，实事求是必须以实践为基础的。

我们党的特色社会主义实践和理论，坚持实践的观点、唯物的观点、历史的观点、辩证的观点、实事求是的观点、特色的观点，在解决落后国家如何建设社会主义的问题，提出了一系列原创性、有特色的新思想新见解。即关于社会主义初级阶段的理论、关于社会主义基本矛盾问题、关于"一个中心、两个基本点"的党的基本路线、关于农村家庭联产承包责任制、关于建立社会主义有计划市场经济、关于经济特区、关于发展股票和证券市场、关于以公有制为主体多种经济成分并存的思想、关于社会主义民主政治的观点、关于社会主义精神文明等。党的十八大以后，以习近平同志为核心的党中央，以马克思主义联系和优化发展的观点，以历史、时代和世界的眼光，创造性地提出了中国特色社会主义进入新时代，并阐述了什么是新时代、新时代的历史定位及其社会基本矛盾的变化、中华民族伟大复兴、党的全面领导、建设美丽中国、中国特色强军之路、构建人类命运共同体、"一带一路"倡议国际合作思想等。中国特色社会主义实践，系统回答和解决了什么是社会主义、怎样建设社会主义，建设什么样的党、怎样建设党，实现什么样的发展、怎样发展等问题。在伟大复兴的关键时期，世界动荡变革的历史变局之中，系统回答和解决了新时代坚持和发展什么样的中国特色社会

---

① 中共中央党史和文献研究院：《习近平关于"不忘初心、牢记使命"重要论述选编》，党建读物出版社 2019 年，第 118 页。

主义、怎样坚持和发展中国特色社会主义的问题，创立了习近平新时代中国特色社会主义思想。中国特色社会主义实践和理论极大地丰富和发展了社会主义学说，系统回答了如何建设社会主义的问题，为马克思主义的现代发展增添了瑰丽的色彩。

1982 年至 2017 年的八届党的全国代表大会，政治报告的题目都以"中国特色社会主义"冠名并作为会议的中心议题。中国特色社会主义作为我们为之奋斗了 40 多年的崇高目标，"特色"除说明社会主义的中国国情外，还有更广的含义、更深的内涵，如果"特色"单纯只是说明国情，前面已经有了"中国"两字了，为什么后面还要加"特色"呢？特色既是中华文化的传承，又是实践问题；特色属于理论范畴，更是哲学问题。"绵延几千年的中华文化，是中国特色哲学社会科学成长发展的深厚基础。……历史和现实都表明，一个抛弃了或者背叛了自己历史文化的民族，不仅不可能发展起来，而且很可能上演一场历史悲剧。"①

人类思想的精华马克思主义在中国的传播，融合了古老的华夏文明；历史上唯一一个从未中断的伟大文明，又为马克思主义在中国的发展和创新注入丰富的养分和深厚的动力。2021 年 3 月 22 日，习近平总书记在福建武夷山市朱熹园考察时指出："如果没有中华五千年文明，哪里有什么中国特色？如果不是中国特色，哪有我们今天这么成功的中国特色社会主义道路？"中国特色社会主义文化以马克思主义为指导，源自中华优秀文化，熔铸于党领导人民创造的革命文化和社会主义文化，植根于中国特色社会主义实践，历经百年，已经融入我们党的精神血脉中，塑造着亿万中国人的精神气质。中国特色社会主义文化，马克

---

① 习近平：《习近平谈治国理政》第 2 卷，外文出版社 2017 年，第 339 页。

思主义是灵魂，悠远的文明传承是基因，威武不屈的革命精神是本色，追求时代的最优是信念，已成为现代中国屹立于世界民族之林的精神支柱，成为中华民族为人类贡献的文明瑰宝！

四、和谐和平的内外环境是中国特色社会主义发展的优化条件

改革开放40多年来，我国经济已跃居世界第二大经济体，全国人民从40年前的难以过上温饱生活转变到全面享受小康生活，在急剧和深刻的社会变革中，始终保持整个社会的稳定和发展，社会的和谐与和平的国际环境是经济发展、改革开放顺利开展、中国特色社会主义事业顺利推进的充分必要条件。

改革开放初期，我国就十分注意发挥中国特色社会主义政治的优势。在进行中国特色社会主义经济建设的同时，坚持马克思主义关于认识对物质、社会意识对社会存在、生产关系对生产力、上层建筑对经济基础、政治对经济所具有的巨大反作用。有中国特色的社会主义政治，只能坚持人民民主专政，而不能抛弃或削弱人民民主专政；坚持和完善人民代表大会制度，不搞西方那种议会制度；坚持和完善中国共产党领导的多党合作和政治协商制度以及建立广泛的爱国统一战线，不能否定和削弱共产党的领导，不搞西方那种多党制。邓小平同志实施了改变中国和世界的改革开放和加强党风建设两大政治行动，1978年12月召开的党的十一届三中全会，在举起改革大旗的同时，恢复成立了中央纪委。

人民民主专政制度是我国的国体，坚持人民民主专政是建设有中国特色社会主义的首要前提。邓小平同志强调："中国的问题，压倒一切的是需要稳定。没有稳定的环境，什么都吹了，已经取得的成果，也会失掉。我们国家要改革，要改革就一定要有稳定的政治环境，离开这一

点，什么都搞不成。"① 我们要打击严重刑事犯罪活动，有力维护国家政治安全和政权稳定，保障社会公共安全，不断增强人民群众的安全感和满意度。

公平竞争是市场经济的核心，反垄断是完善社会主义市场经济体制、推动高质量发展的内在要求。"十三五"期间，查处各类市场垄断案件179件，罚没金额27.6亿元。

2020年1月，《〈中华人民共和国反垄断法〉修订草案（公开征求意见稿）》印发，增设对互联网经营者市场支配地位的规定。同年11月，《关于平台经济领域的反垄断指南（征求意见稿）》印发，首次明确将"二选一"定义为滥用市场支配地位、构成限定交易行为，并对阿里巴巴、阅文和丰巢网络未依法申报违法实施经营集中案作出顶格行政处罚。2021年2月7日，《关于平台经济领域的反垄断指南（正式意见稿）》印发。该指南对包括腾讯、百度、美团等12家国内互联网科技企业未依法申报违法实施经营集中案做出顶格处罚。对阿里巴巴实施"二选一"的垄断行为处以182.28亿元罚款。2021年3月5日，李克强总理在政府工作报告中再次提到"强化反垄断和防止资本无序扩张"，"十四五"规划和2035年远景目标纲要中"反垄断"亦多次出现，并且提出要"加大反垄断和反不正当竞争执法司法力度"。2021年11月18日，国家反垄断局正式挂牌成立。

我国市场经济逐步走向成熟，反垄断执法的独立性、权威性和专业性得到加强，为切实规范市场竞争行为营造了公平、透明、可预期的良好环境，并有效促进了市场经济健康、有序发展。

发挥特色政治的优势就必须坚持马列主义、毛泽东思想，大力弘扬

---

① 邓小平：《压倒一切的是稳定》，《人民日报》1989年10月10日第1版。

社会主义文化，加强精神文明建设。党的十二届六中全会《关于社会主义精神文明建设指导方针的决议》强调，在精神文明建设过程中，既要坚持改革开放，又要坚持四项基本原则。中国特色的社会主义文化要弘扬民族文化，要防止和反对民族虚无主义和历史虚无主义。对待传统文化，要批判地继承，吸其精华，去其糟粕，推陈出新，古为今用，用历史唯物主义的态度和眼光对待我们的文化传统、文化遗产。胡锦涛同志在省部级主要领导干部提高构建社会主义和谐能力专题研讨班上指出："一个社会能否和谐，一个国家能否长治久安，很大程度上取决于全体社会成员的思想道德素质高低。没有共同的理想信念，没有良好的道德规范，是无法实现社会和谐的。"① 社会主义和谐社会的建设，除了政治建设和经济建设的维度外，还有精神建设的维度。继十六届四中全会提出了构建社会主义和谐社会的重大命题后，2005 年 12 月，中央经济工作会议又提出了"坚持以人为本，努力构建社会主义和谐社会"的发展思想。和谐社会的人文关怀是时代发展的要求，是文明进步的时代体现，是特色社会主义的重要方面而又促进特色社会主义的发展。社会和谐的人文关怀，进一步强化对人的主体地位的肯定和尊重，也是实践论和特色论关于人作为主体的作用和地位的肯定和尊重。党的十八大以来，实施社会主义核心价值观，全面深化社会主义治理变革，着力推进治理体系和社会治理能力现代化，推动社会充满活力又和谐有序进行。党的十九大又提出打造共建共治共享的社会治理新格局。我们党不断开拓中国传统社会治理向现代化社会治理转变的新境界。

经过 40 多年的改革开放，在党的统一领导下，政府、社会、市场、公众等多元主体参与共建共治共享的社会治理格局初步形成；基本形成

---

① 郑又贤，等：《马克思主义哲学新探》，社会科学文献出版社 2008 年，第 141 页。

一套宏观社会治理基础性制度与微观社会治理运行机制，筑起"四梁八柱"和系列基石，现代社会治理制度建设取得突破性进展；基本构建了符合国情的新型社会治理体系和国家安全建设体系，包括社会组织、公共服务、公共安全、社会治安防控、社会信用、应急管理体系等，社会治理现代化建设迈出有力步伐；基本改变了传统社会治理方式，综合运用经济、法律、道德、科技和行政等多种手段加强和创新社会治理，不断推进系统治理、源头治理、依法治理、综合治理，社会治理能力明显提升。

中国特色社会主义在深化改革的同时，始终如一地坚持独立自主的和平外交政策。不管国际形势如何复杂多变，中国在和平共处五项原则基础上发展同世界各国的关系，创造一个和平安定的国际环境。在坚持"和平共处五项原则"和"一个中国原则"基础上，截至2021年年底，中国共与181个国家建立外交关系。中国决不会以牺牲别国利益为代价来发展自己。中国无论发展到什么程度，永远不称霸，永远不搞扩张。中国作为联合国安理会常任理事国，在解决重大的世界性问题上越来越发挥其重要作用，坚持主持正义的立场，得到了国际社会的肯定。

我们党坚持维护世界和平、促进共同发展的外交政策宗旨，调整同主要大国的关系，发展同周边国家的睦邻友好关系，深化同广大发展中国家的友好合作，积极参与国际和地区事务，建立起全方位多层次的对外关系新格局。旗帜鲜明地反对霸权主义和强权政治，坚定维护广大发展中国家利益，同世界上500多个政党和政治组织保持经常性联系，深化政党交流合作，推动建立公正合理的国际政治经济新秩序，促进世界持久和平、共同繁荣及和平的国际环境。

面对国际形势复杂多变、竞争加剧的形势，中俄两国关系的提升为"新时代中俄全面战略协作伙伴关系"奠定了基础，中俄全面战略协作关系处于历史最好水平，两国志同道合、相互信任和尊重，为其他国家树立榜样。

美国和中国分别是世界上最大的发达国家和最大的发展中国家，两国关系对世界产生重大影响。中美建交以来，关系错综复杂，摩擦和争论不断，两国关系在坎坷中前行。近几年，中美关系从"竞争与合作"状态演变为"向全面战略竞争方向发展"的竞争对手关系。中美关系变得严峻、复杂和尖锐，美国全面对华施压、打压、遏制。利益和分歧同在，中国未雨绸缪，做好各种工作的同时，本着"相互尊重、和平共处、合作共赢"理念，作为负责任的大国，运用智慧和理智，管控分歧，共同前行，"不偏航、不失速，更不能相撞"，坚定不移维护和稳定中美关系。完全可以相信，在中国共产党领导下，中华民族的社会主义巨轮必将滚滚前行。

"一国两制"有利于实现祖国统一，保障港、澳、台的繁荣稳定。通过港、澳、台的纽带作用，有利于我国的引进和开放，发展与世界经济的联系，促进中国特色社会主义建设。习近平总书记指出："在新的历史条件下，我们提出'一带一路'倡议，就是要继承和发扬'丝绸之路'精神，把我国发展同沿线国家发展结合起来，把中国梦同沿线各国人民的梦想结合起来，赋予古丝绸之路以全新的时代内涵"。① "一带一路"建设，从倡议走向实践，从愿景变为行动，进展和成果超出预期，合作伙伴越来越多，影响力和号召力日益增强，"朋友圈"不断扩大，不仅为中国的发展营造了有利外部环境，也为"构建人类命运共同体"奠定了坚实基础。消除贫困是人类面临的共同挑战。根据世界银行研究报告，"一带一路"倡议将使相关国家约 760 万人摆脱极端

---

① 中共中央宣传部：《习近平新时代中国特色社会主义思想三十讲》，学习出版社 2018年，第 298 页。

贫困、3200万人摆脱中度贫困。

习近平总书记提出的"构建人类命运共同体"重要战略思想，着眼人类发展和世界前途提出的中国理念、中国方案，受到国际社会的高度评价和热烈响应，多次写入联合国文件，产生日益广泛而深远的国际影响，成为中国引领时代潮流和人类文明进步的鲜明旗帜。"构建人类命运共同体"思想的内涵极为丰富、深刻，坚持对话协商，建设一个持久和平的世界；坚持共建共享，建设一个普遍安全的世界；坚持合作共赢，建设一个共同繁荣的世界；坚持交流互鉴，建设一个开放包容的世界；坚持绿色低碳，建设一个清洁美丽的世界。推动"构建人类命运共同体"，必须积极参与全球治理体系改革和建设。

中国特色社会主义建设有了和谐团结活力的国内环境与和平共建包容的国际环境，将有力促进中国特色社会主义的建设。和谐与和平的国内国际环境也是中国特色社会主义建设的一项重要内容，两者相互联系，相互促进，共同优化，共同发展，共创特色。中国特色社会主义有着优化的外部环境，内部因素和外部环境协同优化促进了中国特色社会主义的发展。

社会主义初级阶段的中国特色社会主义的总路线是一个辩证统一的整体。发展生产力，优化社会主义是目的，是中心，改革开放是达到目的的路径、方式和方法，四项基本原则是改革开放的平台、出发点和归宿。改革开放在四项基本原则提供的平台及其原则指导下，改革不适应的生产关系及其上层建筑，引进资金、技术和管理经验，发展经济；四项基本原则为改革开放提供平台并确保沿着正确方向顺利实施，达到坚持、优化和发展四项基本原则的目的。

第二章

中国特色社会主义是历史的必然

一、中国特色社会主义是中国人民的历史选择

我们古老的祖国有着几千年的悠久历史，有鼎盛和辉煌，也有失误与挫折的年代，特别是近 100 多年来，奋斗求索，寻找真理。直到马克思列宁主义传入中国、中国共产党创立后，才确立了中国必须走社会主义道路的历史必然性。建立社会主义制度以后，我国不断探索，新的选择再次摆在中国人民面前。中国发出时代的强烈呼声：中国必须走自己的路！这就是中国特色社会主义。社会主义能够救中国，中国特色社会主义能够发展中国。

1840 年鸦片战争失败后，民族英雄通过起义、自强、维新、革命爱国救国。当时，中国的封建势力强大，帝国主义封锁了中国发展资本主义道路，近代中国没有领导发展资本主义的政治力量，最后，革命都失败了。到 1848 年，中国全部民族资本的固定资产 20 亿元，生计维艰，不可能走资本主义救中国的道路。国民党在中国搞资本主义，结果政治腐败，经济衰退，民不聊生，中国人民必须寻找新的发展道路。俄国十月社会主义革命胜利后，中国成立了共产党并接受了马克思列宁主义。通过将马克思列宁主义与我国的实际相结合，中国取得了新民主主

义的胜利，走上了社会主义发展道路。

中华人民共和国成立后，建立了生产资料社会主义公有制，我国的生产力以前所未有的速度迅猛发展，经济文化建设的成就是举世公认的。"只有社会主义能够救中国。"这是亿万中国人民经过一个多世纪英勇牺牲和艰苦卓绝的斗争，用生命和鲜血换来的不可动摇的救国之路。

我国社会主义改造基本完成后，建立了社会主义制度。我们党不断开拓，艰难探索，取得巨大成绩，但是国民经济困难，社会主义显得活力不足。历史证明：任何一个社会主义国家，在新制度建成后，必须自觉地在个体的自我肯定中进行质的优化，就是创建特色。

不同国家进入社会主义的历史起点不同。中国社会主义建立于封建社会瓦解的民主革命中，人口众多、经济落后、战争创伤严重的东方国家，社会主义发展模式只能走自己的路，建设中国特色社会主义。实践已经证明，中国人民已经"站起来""富起来"，正在"强起来"。14亿中国人民不仅早已解决了长期以来没有解决的温饱问题，已消除绝对贫困，全面建成小康社会，并向中国社会主义现代化强国迈进。中国特色社会主义是中国人民的历史选择，只有社会主义能够发展中国。

二、中国特色社会主义是社会主义历史发展的必然

从巴黎公社的建立，到1917年俄国十月革命的胜利，建立了第一个社会主义国家，开辟了人类历史的新纪元。社会主义在多国取得胜利后，社会主义作为一种政治制度与资本主义制度形成对抗力量而进一步发展。特别是世界国土面积最大的苏联和人口最多的中国进行的社会主义运动令世界刮目相看，然而两个社会主义国家出现两种截然不同的结果，发人深省，我们必须认真对待、认真研究。

苏联社会主义所显示的社会主义优越性是抹杀不掉的，最后的解体是令人痛心的。20世纪二三十年代，资本主义社会爆发空前的世界性经济危机，苏联只用15年（1925—1940年）时间走完了主要资本主义国家50年到100年走过的路程。1925年，苏联国民经济恢复工作才基本完成，到1940年，已跃居欧洲第一位、世界第三位。1941年德国发动了第二次世界大战，在占领了欧洲14个国家之后妄图闪电消灭苏联。苏联凭借社会主义建设取得的巨大成就，全党全国人民众志成城，取得了卫国战争的伟大胜利，为世界人民夺取第二次世界大战的彻底胜利奠定了基础，并且战后迅速恢复了经济，各方面欣欣向荣、生机勃勃。

苏联社会主义制度不完善，生产关系不能适应生产力的发展，导致经济滑坡、通货膨胀、民族矛盾尖锐等问题，最后导致根本性的剧变。

中华人民共和国成立后，社会主义建设也经历了不平凡的过程。党的十一届三中全会后，以邓小平同志为核心的党中央开始建设有中国特色的社会主义，取得了举世公认的伟大成就。

中国特色社会主义在本质上坚持实事求是精神，能科学地确定社会主义所处的不同历史阶段及其不同任务，并及时调整不适应生产力发展的生产关系的实现形式和上层建筑形态，避免僵化社会主义模式和空想社会主义的错误，在现实中不断发展和完善社会主义。中国特色社会主义的开放性可以广泛地吸收一切对社会主义有用的成果，最大限度地发展生产力，为优化社会主义奠定物质基础。

中国特色社会主义以经济建设为中心，坚持四项基本原则，坚持改革开放。它坚持社会主义的本质属性，又不断优化社会主义现实形态、经济政治体制和管理方式，优化社会主义各项事业的职能，以充分发挥社会主义的优越性，全面优化社会主义的质。

中国特色社会主义是唯物的、辩证的、历史的、发展的、优化的社会主义。中国特色社会主义既坚持社会主义的历史必然性又注重历史发展的现实性，既坚持社会主义方向又强调发展的灵活性和价值性，既坚持社会主义的普遍性又坚持社会主义的特殊性，因而能够在社会主义特征的原则性和实现的长期性的辩证运动中，寻找社会主义的最优形式，不断创造特色。

社会主义发展的成功和挫折说明，社会主义作为人类社会的先进制度，它的建立并不意味着解决了社会的所有问题，不能一劳永逸，而必须不断改革和开放，优化制度的运行机制，以顺应历史潮流和世界的变化。社会主义革命出现的问题和挫折不是社会主义道路、方向问题，也不是制度选择的偏差。发展中国特色社会主义就是优化社会主义制度的运行机制，坚持改革开放，寻求有利于社会主义继续发展的最优方式和最佳途径。中国特色社会主义是社会主义历史发展的必然。

三、中国特色社会主义是世界发展的必然

东欧剧变以及苏联解体后，社会主义进入低谷。弗兰西斯·福山为此于 2003 年发表《历史的终结及最后之人》，他认为，西方式的自由民主代表了人类历史的最高阶段，在这个意义上，历史终结了。

在奔腾不息的历史长河中，从未有哪个国家像中国这样，一个十几亿人口的贫穷落后的农业国家在短短的 40 年中国特色社会主义伟大实践中发展为世界第二大经济体，创造了多项世界第一，人民的生活水平和质量得到大幅提高，科技水平得到明显提升，综合国力得到显著增强。

40 年时间，中国 7.7 亿农村贫困人口脱贫，至 2020 年全面消除了绝对贫困，提前 10 年实现《联合国 2030 年可持续发现议程》减贫目标，在中华民族发展史上具有里程碑意义，也是人类减贫史乃至人类发展史上的大事件，为全球减贫事业发展和人类发展进步作出重大贡献。

2021 年 3 月，俄罗斯联邦共产党中央委员会主席根纳季·久加诺夫在《真理报》撰文指出："中国共产党的经验证明，20 世纪末社会主义的失利，并不是各种反共产主义者喜欢说的'乌托邦社会主义计划的失败'……在中共领导下，中国人民有能力应对时代的一切挑战，沿着建设新时代中国特色社会主义的正确道路前进。"

在中国特色社会主义创造的"中国奇迹"面前，不是历史终结了，而是"历史终结论"终结了。福山几乎每年都会到中国来，对中国取得的巨大成功多次给予过高度的评价。他经常来中国的一个重要原因是他提出"历史终结论"时，没有料到中国的崛起，他想了解中国崛起的原因。中国用铁一般的事实宣告：历史没有终结也不会终结，社会主义生机勃勃，前途无限！

中国特色社会主义为世界各国和人民展示了社会主义的美好前景，这是世界各国和人民必将走的康庄大道，是历史的潮流、世界发展的必然，势不可当。

四、中国特色社会主义是历史逻辑发展的必然

由前面的分析得知，中国特色社会主义从思想破题，提出"实践是检验真理的唯一标准"，统一了思想，同时解放了人。根据中国的现实国情，以马克思主义为指导，坚持解放思想，实事求是，从实践入手，提出"以经济建设为中心、改革开放为基本点、坚持四项基本原则"的中国特色社会主义建设的总路线。

在实践和理论的结合上，坚持马克思主义指导，从现实社会和实践中总结提出工作思路和计划，在实践中贯彻和实行，不断深化，总结经验，把实践和理论的结合不断引向深入。在实践和理论的结合上，坚持试点突破，推广开路，全面推开；坚持先易后难，先群众所急、国家急

需；先农村农业，后城市工业，再机关政治；先农村家庭联产承包责任制、乡镇企业，再国有企业产权改革、股份制改造、建设现代企业制度；对外开放从兴办经济特区向沿海、沿江乃至内地推进，再向"一带一路"和自由贸易港发展；宏观管理体制以宏观间接管理为目标，对价格、财税、金融、计划及流通体制等进行改革；经济调控从计划经济向有计划商品经济，再向社会主义市场经济转变；人民生活从吃不饱到温饱型向小康型转变，再向个性和享受的多层次消费转变。中国特色社会主义创造了令世界瞩目的"中国奇迹"。

中国特色社会主义理论与实践结合的历史发展逻辑，也就是改革开放与四项基本原则的统一。四项基本原则是一个整体，构成社会主义的质。共产党人是寻路人、开路人、领路人、领导核心，随着改革开放的深化而优化强壮自身；社会主义制度是江山，是人民，是改革开放的舞台，人民高兴，群情昂扬，改革开放就对了；马克思主义是旗帜，是灵魂，与中国的特色文化融合，为改革开放提供指导，确保正确方向；人民民主专政是根本保证，是环境，为改革开放保驾护航。优化的环境也是改革开放的目的和结果。改革开放与四项基本原则的有机统一，发展了社会生产力，优化了社会主义的质，中国特色社会主义实现了伟大的历史转折，开启了中华民族伟大复兴新征程。

中国特色社会主义是人类社会发展与华夏文明历史逻辑交汇而反思的结果，是国际共产主义运动历史逻辑与中国特色社会主义现实逻辑共融而担当的结果，是马克思主义与中国特色文化理论逻辑融合而创新的结果，是世界现实与中国实际现实逻辑互通而奋进的结果。

中国特色社会主义历史逻辑的发展使中国共产党和人民的思维方式从抽象性转向系统综合而又转向最优综合；哲学观也从认识论转向实践论而又转向特色论。历史逻辑的发展必定继续推进历史的发展。

第三章

中国特色社会主义哲学的现代发展

改革开放 40 多年来，马克思主义理论与中国社会主义建设实践结合、融合和互动并不断发展形成中国特色社会主义理论，创造了人类历史上的中国奇迹。"指导一个伟大历史运动的理论体系一般来说必须以哲学作为基础"。[①] 习近平总书记 2016 年 5 月 17 日在哲学社会科学工作座谈会上讲话指出："哲学社会科学的特色、风格、气派是其发展到一定阶段的产物，是成熟的标志，是实力的象征，也是自信的体现。"[②] 中国特色社会主义理论已成体系并不断发展，实践成就世界瞩目。成熟的理论应该以自己的哲学观为基本内核，理论成熟的标志应该而且必须有自己的哲学思维，确立自己的哲学观。哲学是理论的基因、理论的密码，理论是哲学的标签、哲学的解释。中国特色社会主义实践和理论形成了马克思主义哲学中国化的实践论和中国马克思主义哲学的特色论，它将继续开创中华民族更加美好的未来。

一、认识论

列宁和毛泽东同志把马克思主义与本国革命实践相结合创立了马克

---

① 苏维迎：《慧语与明言》，中国书籍出版社 2017 年，第 8 页。
② 习近平：《习近平谈治国理政》第 2 卷，外文出版社 2017 年，第 338 页。

思主义的认识论。中华人民共和国成立到改革开放这段时间，中国国内运用的哲学原理教科书的认识论体系，基本上是以苏联 20 世纪 30—50 年代的认识论框架以及毛泽东的"实践论"为基础的。它坚持唯物主义反映论，从物质第一性、意识第二性出发，强调客体是认识的对象，认识是主体对客体的反映，把实践引入认识论，把辩证法应用于反映论。阐明了客体是可以认识的，主体对客观的反映是在实践基础上能动的反映，是在实践和认识的矛盾运动中不断地由片面至全面、由浅入深的过程，克服了旧唯物主义的消极被动的直观反映论，在认识论上坚持唯物论又体现辩证法。这个理论体系中的基本原则、基本观点，仍然具有重大的理论和现实意义。

认识论的基本框架是由两次飞跃"感性向理性认识飞跃，理性认识向实践飞跃"和"实践—认识—实践"3 个环节构成。其主要观点有：客观世界是认识的对象并且是可以认识的；认识是主体对客体的能动反映，是以实践为基础的；实践是认识的来源、认识的目的，又是检验真理的标准及其认识发展的动力；主体在实践中起着主动作用及能动地反映客体。客观的现象通过各种感官印象反映到人脑中形成感性认识，经过思维加工，运用归纳演绎、分析综合等多种方法，形成概念，作出判断，进行推理，把感性认识上升为关于客体的理性认识。这种理性认识又回过头来指导实践，检验和发展认识。"实践—认识—实践"，经过多次反复，获得预期的结果，达到主观和客观的一致，最终获得了真理性的认识。真理是客观事物及其规律在人的头脑中的正确反映，具有客观性的根本性质。客观事物和实践是不断发展的，人的认识也是不断发展的。"实践—认识—实践"的不断反复以至无穷，使真理不断从相对向绝对转化，即主观对客体的反映越全面、越深刻，越能够达到主观和客观、认识和实践具体的历史的统一，人类社会也就从必然王国走向自由王国。

认识论是以实践为基础（中介）、以客体为本位、以主体为反映、以认识为轴心的认识论体系。同时它是以19世纪下半叶和20世纪上半叶细胞学说、能量守恒定律及达尔文进化论三大发现为标志的自然科学成就为基础的。比较现代实践和科学发展的水平与要求，这个理论体系无疑存在着问题和不足。

一是认识论强调对客体的认识，缺乏对实践规律的研究。马克思主义哲学与以往所有哲学根本不同的是要"改变世界"的这一革命性变革思想，认识论是高度重视的，但在理论上没有真正彻底地贯彻。它基本上还是认知型的理论，以认识为轴心，认识是关于客体的知识，了解客体的本质及其发展规律。它所重视的是世界"是什么"，偏重从客体到认识的第一次飞跃，而忽视了从认识到实践的第二次飞跃，即忽视了对实践活动本身的研究，难以真正彻底贯彻"改变世界"这一伟大思想。认识论引入实践，只是为了对反映论的完善，而不是对反映论的超越。实践还只是认识的一个中介手段，而不是认识的最主要的目的及其最重要的对象，不能就实践系统本身加以研究。在新民主主义革命时期，我国人民的目标是推翻帝国主义、封建主义和官僚资本主义三座大山，我们党制定和实施了正确的路线、方针和策略，取得了新民主主义革命胜利。中华人民共和国成立后对社会主义制度的规律、机制、动力、目标、任务、重点等，缺乏系统深入的研究，没有把重点和注意力集中在改造世界的"实践"上，无法充分发挥社会主义制度的优越性，致使国家处于严重的困难时期。

二是认识论以客体为本位，忽视认识的主体性。认识论从唯物主义原则出发指出，认识是主体对客体的反映，客体可以被主体认识，强调客体对主体的决定性作用。同时认为，认识越发展就越能摆脱主体因素的干扰，越能按客观事物的本来面目去反映事物。认识论中，主体显然也被纳入认识体系，主要作用是接受关于客体的感官印象及其材料并进行加工整理，至于主体结构及非理性因素的作用机制均被排斥在主体之外。主体结构如何，是怎样产生和变化的没有涉及，非理性因素是什么及其作用也没有涉及。主体如何积极主动地选择、重构、建构、创造理想的客体等都缺乏研究。认识论这种能动性是相当有限的，它很难解释认识的主动性、能动性及其创造性问题。

中国新民主主义革命是为了人民的解放而建立人民当家作主的政权，实现中华民族伟大复兴的中国梦。中国共产党是中国先进分子的代表，是中华民族实现理想的领导主体。在新民主主义革命时期，中国共产党和被压迫人民一起，是为了否定旧事物的。中华人民共和国成立后，人民当家作主，共产党也从被镇压的一面变为执政党。中国共产党地位变了，工作重点变了，但初心没有变，作为执政主体的组织结构怎样重构、建构，以适应、优化和发展社会主义制度这个客体，将是共产党人的重大课题。

三是认识论思维方式的抽象性、单向性和静态性等局限。认识论的思维方式基本上还是工业文明时代抽象性的特征，它所反映的是人们对复杂无组织事物和有组织事物简单化认识阶段的思维方式，有许多局限性。比如说，综合的结果如何，关键在于通过分析直接得出关于客体的本质规定。撇开事物多因素、多变量之间的错综复杂的具体关系，看不到事物所包含的多种可能发展方向，忽视选择性、随机性和创造性的组合，仅对事物作线性、单向的思考，必然偏重一般、必然、本质和理性等。中华人民共和国成立后，我国的经济体制及其管理模式，主要是参照苏联社会主义国家的管理体制和模式，表现了思维方式的抽象性和单向性，没有考虑中国的具体国情，出问题的根源就在这里。还有思维的静态性，把事物当作相对稳定的东西，忽视事物的不断的变动性。革命战争年代的阶级斗争方式用在社会主义建设时期，阶级斗争年年讲、月月讲、天天讲，社会的基本矛盾改变了，工作重心没有跟着改变，这是静态思维的表现。思维方式的种种局限，客观上为一般化、公式化、概念性、简单化的思维方式、政策导向及工作作风提供了方便，这也是我们党历史上教条主义造成的思想根源。邓小平同志告诫我们："一个党、一个国家、一个民族，如果一切从本本出发，思想僵化，迷信盛行，那它就不能前进，它的生机就停止了，就要亡党亡国。"①

认识论是对马克思主义哲学的重要贡献，丰富和发展了马克思主义哲学，它在指导世界社会主义革命和建设，特别是中国的新民主主义革命时起到重要作用，中国社会主义革命和建设制定策略和政策时都把认识论的基本原则和观点作为依据。认识论已经深入人心，作为人们思想、决策、行动、工作和生活的指导。我们现在生活的时代同马克思主义创始人以及列宁、毛泽东等革命经典作家生活的时代相比有了巨大的变化，人类的实践中心从革命转为发展、转为经济建设，原有的发展理论暴露出局限性，如强调客观性，忽视主体性、价值性、目的性；强调矛盾的转化和质变，忽视新质产生后量变对自身质的完善和优化；强调否定，忽视事物质的自我肯定。时代的发展，呼唤新的哲学理论。

二、马克思主义哲学中国化的实践论

当今世界科学技术发展日新月异，技术更替不断加快。控制论、信息论、系统论和量子科学的创立，遗传学和分子生物学的建立，高分子物理学、空间科学、海洋科学等现代科学的发展，以及分子设计技术、

---

① 邓小平：《邓小平文选》第2卷，人民出版社1994年，第143页。

激光技术、信息技术等现代技术的应用，改变了人们的观念。科学技术的发展与经济发展的结合愈加紧密，自然科学与社会科学的相互交叉、相互结合、相互促进明显加强。特别是人口多、经济落后的中国建设有中国特色社会主义，实行改革开放，其理论和实践成果深刻地改变了人们的思维方式、观念和习惯，形成新的思想、新的方法，即马克思主义哲学中国化的实践论。它将丰富和发展马克思主义哲学，拓展马克思主义哲学的新视野。

马克思主义哲学中国化的实践论既是实践论，又是认识论，它是唯物主义和辩证法的高度统一。实践是人们为满足一定的需要而进行的能动的探索和改造物质世界的活动，具有客观性、能动性和社会历史性等特点。实践论坚持实践的观点，不仅对实践的主体、客体和中介作出了明确的规定，而且深刻揭示了主体与客体之间的相互关系。实践的主体是人。主体和客体之间是改造和被改造的实践关系、认识和被认识的认识关系，客体满足主体需要和利益的价值关系，主体在改造客体的过程中实现、创造和享受美的审美关系，主体在与客体实践的互动过程中实现自我的提升、完善和超越的学习关系。

马克思主义哲学中国化的实践论是指在马克思主义哲学指导下，从中国特色社会主义建设实践和理论中，总结形成的一整套哲学理论。它是研究社会主义制度建立以后，否定了旧质，肯定了新的矛盾体的新质，即社会主义制度如何巩固发展，怎样培育和体现新制度优越性目标的可能性和内在动力，促使社会主义新质的自我发展。这个过程非常重要，新质的自我发展潜藏着多种可能途径和趋向，处于错综复杂的变化中。苏联解体、东欧剧变就是社会主义制度刚建立，没有创造好新质目标发展的可能性条件导致的。因此，新质产生后怎样培育，促使其健康成长，发展为优质事物，这也是新矛盾统一体的新质的量变的肯定阶段。认识论必须转向实践论，对"改变世界"的实践规律进行系统深入的研究。

马克思主义哲学中国化的实践论，从对认识论的正确理解、反思到突破，由过去基本局限于认识本身和认识对象、认识和实践、主观和客观、感性和理性等二项式简单公式兜圈子的局面，向多样化、具体化、科学化，富有现代气息的方向发展，这是实践论对认识论的超越。

（一）马克思主义经典作家们对实践的部分论述

马克思说："真正的实践……是现实的和实证的理论的条件。""关于人的科学本身是人在实践上的自我实现的产物。""理论的对立本身的解决，只有通过实践方式，只有借助于人的实践力量，才是可能的。"①

列宁指出："生活、实践的观点，应该是认识论的首要的和基本的观点。"②"现在一切都在于实践，现在已经到了这样一个历史关头，理论在变为实践，理论由实践赋予活力，由实践来修正，由实践来检验。"③

斯大林说："理论若不和革命实践联系起来，就会变成无对象的理论，同样，实践若不以革命理论为指南，就会变成盲目的实践。"④

毛泽东同志在《实践论》中指出："真理的标准只能是社会的实践。实践的观点是辩证唯物论的认识论之第一的和基本的观点。""马

① 马克思、恩格斯：《马克思恩格斯全集》第42卷，中共中央马克思恩格斯列宁斯大林著作编译局译，人民出版社1973年，第127、139、150页。
② 列宁：《列宁全集》第18卷，中共中央马克思恩格斯列宁斯大林著作编译局译，人民出版社1988年，第144页。
③ 中共中央马克思恩格斯列宁斯大林著作编译局：《列宁专题文集》，人民出版社2009年，第300—301页。
④ 中共中央马克思恩格斯列宁斯大林著作编译局：《斯大林选集》上卷，人民出版社1979年版，第199—200页。

克思列宁主义认为：认识过程中两个阶段的特性……感性和理性二者的性质不同，但又不是互相分离的，它们在实践的基础上统一起来了"①。

关于实践，马克思主义经典作家们和哲学家们都做了很多论述，主要是实践的性质、功能、作用及其行为方式方面；作为理论论述的中介、修饰或说明。实践和实践论不同而又互相联系，实践论有相应的体系，它有目标、内容、功能、机制、动力、思维方式、方法、效果、评价等一整套相互关系的内容及环节。

（二）实践论的主要特点

实践论从认识论的认知型转向实践型。马克思主义哲学要"改变世界"的这一重要思想，实践论把实践当作认识对象，把认识活动纳入实践系统来讨论实践的运行及其发展规律，即探讨"实践认识论"。从"认识世界"的认识论到"改变世界"的实践论这一研究视角的转变，是对认识论的超越，是对马克思主义哲学的实践本性的彻底贯彻。"为了改造世界，不仅要根据主体的内在尺度观念创造出理想的客体，而且要按照合规律性和合目的性的原则，按照真善美统一的原则，通过一定的手段、途径去发动、控制、调节实践活动，把观念的理想客体变为现实的人化客体。"② 实践论具有认识论所不同的原则、目标、形式、机制和结果，有不同的规律，从研究世界"是什么"的认识论到研究世界"应怎样"的实践论，是从认识到行为的转变，必然导致哲学研究主题的演变，从而引起哲学的重大变化。改革开放时，邓小平同志就把全党的工作重心转移到经济建设上来，这是由社会主义的本质特征即发展生产力以及中国的现实情况所决定的，真正把工作重心转向"改变世界"的实践，实现了认识论向实践论的转变。

① 毛泽东：《毛泽东选集》第1卷，人民出版社1961年，第284、286页。
② 苏昌培：《特色论》，社会科学文献出版社1992年，第82页。

实践论从认识论的客体性原则向主体性和主客体相关性原则转变。"客体的结构和特性制约着主体的认识，主体自身的素质也制约着认识。在认识过程中，主体必然会根据自身的身体条件和精神条件，调动自身生理的和心理的、理性的和非理性的所有潜能，去反映客体，从而表现极大的能动性。"① 主体人是社会存在物，具有实践属性，不仅有经验、感情、思维等理性因素，还有本能、潜意识、习惯、信念、意志等非理性因素。主体是多因素、多层次、多属性、多功能、结构极其复杂的系统。主体对外界的认识不是单向的（客体→主体），而是双向的（客体←→主体）。主体通过顺应、调整或改变原有结构，建立新的认识结构以对客体进行新的建构，主体内部结构的建构和主体运用内部结构建构客体，这样双重的不断建构的有机统一，致使认识不断发展，人"改造世界"的主动性、能动性和创造性不断提高。中国特色社会主义理论和实践不断向广度和深度拓展，根本原因是作为实践主体的党中央的认识与实践能力和水平的不断提高。"40 年来，'摸着石头过河'，各项重大改革开放举措都先行先试，取得经验后再推行，这种敢于创新又脚踏实地前行的渐进式改革方略和做法，是符合中国国情和改革开放发展规律的，因而取得了重大成功，避免了大的偏差和走弯路。"②

实践论从传统思维方式转向系统综合思维方式。系统综合思维是以系统论、信息论、控制论、耗散结构论、协同学等为基础，以生命机体自我组织为特征的现代思维方法。系统思维把事物看作有组织、合目的性、能动的、有选择的，向着最优目标发展的统一体。它注意到事物的统一性、非线性、发展的多种可能性以及事物原因和结果（目的）的

---

① 教育部社会科学研究与思想政治工作司：《马克思主义哲学原理》，高等教育出版社2004 年，第 92 页。

② 厉以宁：《改革开放 40 年大家谈》，人民出版社 2018 年，第 117 页。

双向作用。系统思维也注意部分、抽象、分析等，但更重视的是部分在整体中的关系，从抽象到具体，以综合统摄分析。它通过发散把握事物发展的多种可能性，即对多种可能性的选择和重新组合，就是创造因素。它具有动态调节的特征，通过前馈，根据变化，采取措施，避免和减少偏差；通过负反馈，使目标差不断减少。系统思维具有整体性、具体性和动态性等综合的特征，反映了当代实践和科学的发展，认识向着复杂化、现实化和动态化转变。中国特色社会主义实践是人类历史上从未有过的伟大事业，面对国际形势错综复杂多变，国内经济落后、思想僵化，新问题新情况层出不穷，没有本本和经验可以参照的局面，我们靠着系统综合的思维，不断探索前进，以期达到预期的目的。

实践论的价值性是实践主体人的重要追求。人们改造世界的需要和目的（利益）与客观世界的规律性具有内在的统一性，这种统一性就是价值评价与科学认识统一的基础。价值是认识事物及其向优质转化的能动性实践动因。人的社会实践都有明确的目的，人类"改变世界"的实践活动是为了人民过上美好生活这个价值，否则实践活动就没有意义。邓小平同志在20世纪90年代初期就提出了衡量改革开放一切工作是非得失的判断标准，即是否有利于发展社会主义社会的生产力，是否有利于增强社会主义国家的综合国力，是否有利于提高人民的生活水平。40多年来，改革开放大大提高了中国的社会生产力，国家的综合国力大大增强，人民的生活水平大幅度提升。改革开放，建设中国特色社会主义的决策是无比正确的。

（三）实践论的内外因关系

"唯物辩证法认为，外因是变化的条件，内因是变化的根据，外因通过内因而起作用。"① 根据是指由事物内在矛盾所规定的本质及其发展的可能性，而条件是指可能性转化为现实性的各种因素，其逻辑地位是确定的。根据系统论的观点，事物的性质和作用不仅取决于事物自身内在要素的关系，而且取决于它在所处的更大的整体系统中的地位和作用。外部层次一般构成了内部层次的物质基础和生存环境，制约甚至决定内部层次，事物的内因和外因处在错综复杂的制约之中。内外因关系具有复杂性、变动性，在事物发展中的作用的主次地位是可变的。经济特区依靠内部的改革搞活经济，也通过开放引进外资、管理经验和技术，进一步激活和发展内部经济，这就是内外因相互作用的关系。

（四）实践论的方法系统

实践论无论是选择特殊质的事物或创造优质事物的方法都有一个方法群。方法系统包括观察与试验、归纳与演绎、分析与综合、类比与比较等传统方法以及直觉与灵感、控制论、信息论、系统论方法。常用的方法有价值判断法、试验方法和系统综合法。方法系统内任何一个方法都不能单独认识特殊质或优质事物，任一方法的使用都必须服从整体的需要，以其他方法为基础，按认识论的认识环节和途径达到对优质事物的认识。

试验方法是比较常用的方法。试验方法是人们根据研究（认识或实践）目的，利用一定的试验手段人为地变革、控制或模拟研究对象，使研究对象的本质得到最大限度暴露。试验是一种有目的、有计划的活动过程，通常按一定程序进行：试验准备—试验实施—试验结果分析—试验经验推广。试验方法比较多应用于科学实验，现在在社会科学方面也应用不少。改革开放是一场试验，经济特区和股票也是试验，中国特

---

① 毛泽东：《毛泽东选集》第1卷，人民出版社2009年，第302页。

色社会主义更是一场试验。"我们的整个开放政策是一个试验,从世界角度上来讲也是一个大试验。"①

邓小平同志独创性的思想突破了传统认识论的框架,坚持实事求是,从实际出发,根据中国的国情和社会主义的发展规律,提出"一个中心,两个基本点"为主要内容的中国特色社会主义总路线。在探索和建设的实践过程中做出了一系列重大决策,提出了一系列重大理论问题,体现了邓小平同志大胆探索、思想解放、实事求是的精神。看准了的,就大胆地试,大胆地闯。没有一点闯的精神,就走不出一条新路,就干不出新的事业。没有这种大胆试验的开拓品质就不可能提出一系列独特的思想,也不可能取得中国特色社会主义的伟大胜利。

人类社会是一部人类实践的历史。实践涵盖人类活动的所有领域,并将伴随着人类走向永远。实践的规模和质量将随着人类认识能力和水平的提高而不断发展,也将为人类创造更加美好的未来。

三、中国马克思主义哲学的特色论

我们所处的时代是日趋复杂、多样化、变动性和竞争激烈的时代,面向新技术革命的挑战,面对世界性危机的困扰,如何克服危机,优化世界,优化社会,优化国家,已成为我们这个时代的重要议题和任务。人类社会的历史是一部社会不断优化的历史。个人乃至整个人类社会的前程取决于作为世界主体的人的创新精神及其创优活动,创优是决定当代人类命运的重大行为。中国特色社会主义建设40多年的伟大实践雄辩地证明,中国的改革开放涉及范围最广,影响最深刻,取得成就最大,人类历史上从未有过。中国的改革开放始终贯彻特色思想,通过创

---

① 邓小平:《建设有中国特色社会主义》,人民出版社1987年,第113页。

优实践，促进社会主义制度的优化、事业的发展，从而催生并创立中国马克思主义哲学的特色论。

（一）特色的哲学意义

特色存在的客观必然性，来源于客观世界的差异性。"事物的本身就包含差别。"① 自然界和人类社会构成事物的诸要素、结构形式及它们相互关系和相互作用的方式都存在差异，差异又是多种多样的。差异性随着物质运动形式从低级向高级发展变得越来越显著。无机化合物的种类远远少于有机化合物的种类。人类由于不同的地理环境、遗传差异而分化为不同人种、不同民族。每个人所处的家庭环境与社会条件不同，存在着种种差异，对社会的贡献差异更大。客观世界的多样性，必须在多种可能中选择自身存在和演化的基本形式。发展和进化过程实际上是一种选择过程，在多种选择方式上做出最优选择。

特色存在的普遍性。在微观领域和宏观领域，人的进化、发展和思维中都表现出各种特色。特色就其行为来说是一种创优过程，是物质寻求自身最优存在状态的过程。寻求最稳定状态是自然界特色形成的一种普遍的形式。水由高处向低处流，物体自然坠落，热量从物体温度高的部分传向温度低的部分，鱼类洄游，宇宙天体系统的最佳运动状态等，都是物质寻求最稳定状态的特色形成形式。特色在中华文化历史中渊源悠久，古人认为，"事物之独胜处曰特，言其特别出色也"。《论语·子路》记载孔子的话："君子和而不同，小人同而不和。"《孟子·滕文公下》记载："贫贱不能移，富贵不能淫，威武不能屈，此之谓大丈夫也。"宋代张载说："为天地立心，为生民立命，为往圣继绝学，为万世开太平。"古有"孟母三迁""愚公移山"的传说。今有与人为善、

---

① ［德］黑格尔：《小逻辑》，贺麟译，商务印书馆1980年，第253页。

自力更生、勤俭持家、尊老爱幼、自强不息、同舟共济、井冈山精神、长征精神、大庆精神、"两弹一星"精神、抗洪救灾精神、雷锋精神、晋江经验等精神的传承。福建人民经常传唱"爱拼敢赢""善拼会赢"。晋江企业家总结的企业经营之道为"人无我有，人少我多，人多我优，人优我廉，人廉我转"，即企业不断创优，争取好效益。这些都体现了"特色"的普遍性。我们中华儿女祖祖辈辈创造了许多可歌可泣的动人故事和美丽诗篇，激励一代一代不懈奋斗，不断创优，传承特色，创造特色，这也是中华五千年文明不曾中断的重要原因。正如英国哲学家、历史学家阿诺德·约瑟夫·汤因比所说："世界统一是避免人类集体自杀之路。在这点上，现在各民族中具有最充分准备的，是两千年来培育了独特思维方法的中华民族。"

（二）特色的内涵及其属性

特色即优质事物的规定性，是人们认识优质事物的根据。它代表事物发展和进化的方向，最符合人们的价值原则，最能适应环境的变化。

1. 特色的内涵

特色是特殊事物和优质事物的统一。质转化后的新质或者正常下的事物，选择具有培养前途的特殊事物进行培育强化，激发内部活力，培养优质性使其成为优质事物，并进一步优化，发挥内部潜力，优化外部环境成为特色事物。

特色是优质规定性和非优质规定性的统一。任何事物是优质规定性和非优质规定性的统一体，它们所处的地位决定优质事物和非优质事物的分化。优质和非优质规定性在统一体中的逻辑地位在一定条件下可以相互转化，向着双方原来所处的地位转化。转化必须具有一定的条件。经济基础和上层建筑相适应和不相适应的转化，促进或者阻碍社会进步或倒退的转化。

特色在共性与个性同步优化中形成，是共性与个性优质规定性的统一体。优质事物的产生是同时对共性和个性规定性的优化，共性优化是个性优化的前提与基础，个性优化是共性优化的补充，丰富共性优质规定性。

特色是质优化与环境优化共同作用的结果。系统内部因素与外部环境相互作用决定了系统的不同演化方式、演化方向及演化速度，事物内部因素和外部环境优化时，特色向有利的方向发展，就形成有特色的优质事物。我国实行改革开放，改革不适合生产力发展的生产关系，充分发挥人们的积极性、主动性和创造性；与世界各国建立友好关系，优化外部环境。改革和开放促进了我国特色社会主义事业的发展。

2. 特色的基本属性

特色具有优质性，特色事物具有最优的存在方式、最优演化方向、最符合价值原则、最能适应环境的变化。具有优质性的特色事物，最富有生命力，最利于生存与发展，最能适应环境，最富有吸引力。价值是判断是否具有特色的事物的主要尺度。事物的价值性、优质性只有同主体人发生关系时才能表现出来，也就是客体必须满足主体需要。特色是一个动态的概念，不是凝固的、僵化的、永远不变的。特色有一个形成、发展、演化的过程，有一个在初态时不充分、不完善向充分完善、充分发展的发展过程。特色有替代性，在发展中一特色事物替代另一特色事物，特色者居上。特色有传承性，一些有价值的特色会通过文化或者行为习惯传承下来，或者引进来，或者传播出去。特色属于物质范畴又属于精神范畴，一般来说，开始的时候表现为物质的东西，时间久了，就变成精神的东西。"红军长征"精神和"两弹一星"精神，创造的时候是具体的事物，现在演变成了人们的精神财富。

（三）特色的产生与发展过程

1. 特色产生的根据与条件

特色是事物的内外因共同作用的结果。特色的产生源于事物质的内在规定性。事物从可能变为现实是以结果为目标和驱力对原因所提供的多种可能进行选择的结果，事物发展为特色是由事物内在矛盾的多样性和复杂性引起的。系统论认为，系统是充满错综复杂的矛盾关系的整体。系统内部各要素之间、要素与整体之间、结构和功能之间、层次与层次之间都充满矛盾关系，相互作用是非线性的。非线性作用的效应或结果会随着时间、地点、条件的变化而变化，因而为系统演化提供了多种可能性。可能只是潜在的发展倾向，事物发展所具有的各种可能性、趋向性的集合构成了可能性空间。对存在的多种可能性空间进行选择，就能获得满足主体需要的特色事物。

人在行动前都设想行动要达到的结果或某种意愿，即人如此行为的原因。黑格尔在《小逻辑》中对目的性作了这样说明："目的的关系，这是机械性和化学性的统一。目的，也如机械的客体那样，是一个自成起结的全体。但又被从化学性中展开出来的质的差别的原则所丰富了，这样，目的便使它自身与和它对立的客体相联系了。所以目的的实现就形成了到理念的过渡。"① 这说明了事物"因为什么"的问题，而且回答了"为了什么"的问题。系统论认为，目的性是系统内部组织起来的一定信息，是广义有机系统的根本属性，也印证了目的性联系的客观性和普遍性。在可能性空间中选择某种要素或组合，使系统保持稳定、协调乃至向更高级的组织演化。合目的性活动，都是主体对某种价值的追求。价值是客体满足主体需要的效用关系。价值是系统自我调节和自

① ［德］黑格尔：《小逻辑》，贺麟译，商务印书馆1980年，第378—379页。

我组织的动力。价值制约着系统，调节系统与子系统之间的关系，把系统和环境联系起来，并作用于环境，使系统得到不断完善和更新。事物的最优可能是客观存在的，是由事物质决定的。选择事物质所提供的最有利于自身质的自我完善的最优可能，从而形成特色事物。

事物新质或有发展前途的特殊事物确立新的价值目标、由事物内在复杂矛盾的内在能动性、由事物质提供的实现质优化的最优可能性构成特色形成的内在根据。正如中国特色社会主义建设，是为了更好发展确立新的目标而提供的内在动力和广阔的发展功能性空间，也是中国共产党领导中国人民经过努力奋斗所要达到的预期目的。

特色的产生是内外因共同作用的结果。事物质所提供实现质优化的最优可能性只有在具备了相应的外部条件后才能变为现实。恩格斯说："客观事物不是孤立的存在和发展的，事物的相互作用构成了运动。"系统在通过与外界环境不断进行物质、能量和信息的交流，达到一定的阈值时，就可能从无序的状态转变为稳定的有序状态。特色的形成即由最优环境与事物的内在因素共同作用，促使事物质优化的最优可能变为现实。内因是事物发展的根据，外因是根据得以实现的条件，其逻辑地位是确定的。然而，内外因关系的复杂性、变动性及主次地位是可变的。按照系统论的观点，内外因处在复杂的制约关系之中，又是动态变动关系，它们之间的关系也在不断变化。内外因的协同作用同步优化，推动特色的形成。

2. 特色的产生与发展过程

事物形成优质取决于事物的特殊质。特殊质的产生和分化才有可能形成特色事物。事物的特殊质是成为自己并区别于其他事物的内在规定性，由取得支配地位的矛盾的主要方面决定。事物特殊质有的是对原先质的否定而产生的，有的是从一般事物分化产生的，特殊质是在质自身发展的多种可能结果比较中表现出来的。特殊质确立了目标,提供了实现目标的可能性和内在动力,按一定的方式最协调地组织起来,形成了特色事物。

事物通过自身的能动作用,选择、优化最利于自身存在和发展的内在结构和外部环境,不断克服事物内外的种种冲突和不协调,建立事物系统的最佳稳态,实现系统内外部之间物质、能量和信息良性循环,发挥系统的最佳功能。打破矛盾统一体或建立最佳矛盾统一体,这要依据作为矛盾的主体因素及其情况变化来确定。中国共产党人在新民主主义阶段,目的是打破旧的矛盾统一体,建立人民的政权。建立中华人民共和国后,共产党人执政了,人民当家作主,地位变了,就要完善和发展社会主义中国这一最佳的矛盾统一体,充分发挥内在潜力,发展生产力,让人民过上好日子。

稳态理论对特色的形成具有重要意义。事物处于最佳稳态时,整体协调最优,自我调节能力和反馈性强,总体功能大于各部分功能的总和,总体功能最优。太阳系各行星在万有引力作用下的奇妙和合理分布,人体机能的正常运行及从事不同的工作,动车的高速稳定行驶等,都是最佳稳态的表现。

事物质的分化到最佳稳态的建立,必须经过对自身和环境的优化选择的过程。自然界、社会和人的思维等各个领域都表现选择这种行为。选择是表征某种关系的范畴,是在价值引导下系统以某种方式存在和运动的合目的性的过程。选择具体表现为主客体之间的选择,主体的合目的性行为,对系统的多种可能性空间的某种追求,而对其他可能性空间的舍弃。事物的发展,是环境选择和自我选择同时并存、双向进行的。事物特色的形成是自优化选择的过程,也是事物自组织的过程。事物为了建立最佳稳态,需要在与外界进行物质、能量和信息交换中获得负熵流，克服不适应性，不断优化事物的结构、功能和行为方式，通过自组织自优化来提高稳态水平形成特色。

特色的形成是确定性和随机性的统一。受物质的预决目的或所确立的价值目标制约，这是确定的。但在形成过程中受种种实际状态的影响，有时产生许多新的因素，这带有随机性。

特色的形成标志着有利于事物质的潜力充分发挥的整体最佳稳态的建立。特色的发展就是事物内部自组织力量与自优化力量的增长，通过增强系统的组织性，建立新的功能耦合网，提高个体优质水平，更能适应内外的种种变化，进一步发挥质的潜力，提高特色水平。新时代中国特色社会主义就是特色社会主义的进一步发展，进一步提高特色水平，社会主义的各项事业一定会搞得更好。

（四）特色的认识与创造

特色范畴普遍存在于自然、社会和思维领域，已成为人们思维的重要工具，成为人们生活中经常思考和发生行为的问题。研究特色、认识特色、发现特色和创造特色事物与特色环境的方法，成为特色论的重要组成部分。

特色方法以辩证唯物论为基础，综合运用现有的各种方法。从广义上说，特色方法具有普遍的方法论意义。从狭义上说，特色方法是指认识特色和创造特色的方法，前者属于认识世界的活动，后者属于改造世界的活动。特色研究方法是一个方法系统，认识特色和创造特色的方法都不是孤立的，而是一个方法群。群内各个方法如特色选题方法、观察特色方法、调查特色方法、典型试点方法、试验方法、分析特色方法、综合特色方法、类比或比较特色方法、提出特色假说和理论方法等，这些方法构成一个相互联系的认识特色和创造特色的方法系统。特色研究方法也是一个开放系统，随着认识特色能力及创造特色实践水平的不断提高，必然不断产生许多新的认识和创造特色的新方法，以充实、丰富和完善特色研究方法。

1. 认识特色

认识特色就是把事物作为认识系统来研究，研究它的性质、结构与功能等，并把它置于与之联系的其他事物中，考察它与其他事物之间在性质、结构、功能及与环境的协调关系等方面的差异，分析差异对系统的存在和演化的影响，从而从差异中区分质的优劣，最终揭示特色事物的存在。认识特色的方法参照实践论的认识方法，基本的方法有价值判断法、试验方法和特色综合法。

特色综合法是理论思维的一种基本形式，是在分析的基础上，将对象的各方面成分和要素的认识组合成一个有机的整体，形成对该事物总体上、本质上认识的思维方法。它从整体上把握事物，从事物各部分、属性、关系的真实联系，再现事物的整体。特色综合方法从整体上系统地、立体地、动态地、非线性地和从"综合—分析—综合"的逻辑程序中认识优质事物，将优质因素综合成一个有机联系的整体，这样就从整体上认识了特色事物。

特色是真、善、美的最高统一。认识特色是求真、求善、求美的统一，是认识、评价与审美的统一，改变了传统认识论的唯客体的只讲"真"的旧思维模式，既讲真又讲善和美。

特色综合方法突出主体的价值性原则、善与美原则，是主体统一客体的过程，在同客体相互作用中，认识和创造优质客体。

2. 人类实践的优化形式

特色创造的方法就是实践的优化形式。实践是人类生存与发展的基础，创造特色是对实践再次优化的实践形式。当今时代，科学技术成为直接的实践因素，成为实践发展的决定力量。实践的日益科学化和科学的日益实践化已成为当代实践的重要特点。实践已从理性实践发展为科学技术实践，科学技术型实践更容易实现人追求真善美、追求特色的永恒目标，为人类创优实现了科学基础。

创优实践的基本要素由优化主体、优化中介、优化客体（结果）组成。优化主体是创优实践活动中的首要要素，主体人的思维方式、科学素质、实践能力等优化因素决定了创优实践情况和水平。当今时代，国与国的竞争取决于创优实践首要要素的优化主体，最后归结为教育人才创优的竞争。创优实践的本质是主体与客体双向优化、统一的过程，优化手段（中介）是主体与客体双向优化的中介物，是创优实践必不可少的要素。人类的创优实践是追求真、善、美的三个特色尺度，以达到改造世界的目的。真的尺度就是按照"任何物种的尺度"，这种实践必须服从客观事物的本质属性及内在规律。善的尺度就是"内在固有的尺度"，这种实践在受客观规律限制的同时受人的价值尺度限制，影响着创优实践的性质、内容、规模和效果。美的尺度就是创优实践，不仅最大限度地满足人的物质需要，也最大限度地满足人的精神需要。这样创优实践就能使主体、客体同步优化达到真善美和知情意的最高境界的统一。

创优实践包括3个基本环节：确定创优实践目标、制定实践方案，实施创优实践方案的操作程序，检查、追踪、评价创优实践结果。创优实践方案应根据经济原则、可行性原则和价值原则，提供的情况数据事实准确，运用逻辑推理方法，提出若干实践方案，经过多角度的充分论证，从中选择和确定一个更符合最优目标的实践方案。创优实践方案确定以后，便可进入组织和操作实施阶段。首要的是根据创优实践的性质选择实践的主体，以及选择相应的操作工具和方法及其优化的时空环境。创优实践是一个动态过程，需要一个实践再实践、优化再优化的过程。实践过程中也会出现偏离预期的情况，必须通过反馈控制原理，修正不完善环节，纠正过程中的偏差和错误，使创优实践活动顺利、合目的地运行。完成一个创优实践后，又开始另一个新的创优实践，实现自然优化、社会优化、国家优化。

人类的历史是人们自我创造的历史，也是人们选择和创优的历史。"创优"是当今社会的主旋律，为了在变革世界的实践中表现更多的主动性、灵活性和创造性，迫切需要有能够指导"创优"实践的"特色论"作为方法论，不但使"问题在于改变世界"的思想得到真正的、彻底的、有效的贯彻，又能使人们确实看到哲学切入实际、进入生活、走入百姓、引导人心和指导人们改善现实的实践作用。

（五）特色论的产生及其主要特点

1. 特色论的产生及其历史必然性

党的十一届三中全会以后，我国开始建设有中国特色社会主义，实行改革开放，哲学社会科学理论研究也开启了新的起点。以"实践是检验真理的唯一标准"的讨论为突破口和启动点引发几十年来认识论研究的重大突破。它的突破得益于中国特色社会主义伟大成就，改革开放涉及国家政治、思想、文化、经济、司法等各个领域，深刻影响人们的价值观、思维方法、行为、习惯、风俗等生活的各个方面。思想观念变化的同时，人们不断提出"中国为什么发展这么快？"因为有中国共产党的领导，有社会主义制度，有马克思主义指导，有人民民主专政，有改革开放，有悠久的历史文化，还有我们自己的哲学观作为指导。中国特色社会主义的实践和理论伟大成就的产生，还有世界上最伟大的科学和技术如量子科学及移动互联网的应用，催生创立了新的哲学观。

突破传统认识论，由传统认识论向与实践相适应的实践论过渡，进而发展为与时代相适应的特色论。马克思主义哲学也从认识世界到改变世界，再到优化世界的转变。

　　特色观的建立，开辟了对客观世界及其发展规律认识的新领域，为我们的认识、决策和实践提供了一个崭新的视角，就是认识与创造特色的方法。"特色方法以优质事物为认识和实践的对象，它把对一般事物的认识推到对存在于一般事物中优质事物的认识，从认识特殊到认识特色、从一般地认识事物的质到认识优质事物的规定性、从认识事物质的产生到认识事物质的优化、从改造或创造一般事物到改造或创造优质事物等的转变。"① 这一转变对人们认识世界和改造世界将有重要作用。

　　2. 特色论的主要特点

　　因为认识和实践的对象的重大变化，由一般地认识事物到如何认识和创造优质事物，建立有利于质潜力充分发挥的最佳稳态，所以特色论具有自己的特点。特色论的主要特点如下：

　　第一，突出实践最优化，追求最佳实践效果。传统认识论偏重于"认识世界"；实践论把重心转移到"改变世界"上；特色论则突出优化的世界和实践最优化，注重最有效地改变世界，追求最佳实践效果，创造出真善美辩证统一的特色事物。

　　认识特色的目的在于创造特色，以最优实践效果为最高目标，为特色的选择确立现实的、具体的价值目标，因而能够取得最优实践效果，创造出独特的优质事物。创造特色是一个优化实践各环节、追求最佳实践效果的过程。特色实践目标的确立是一个优化的过程。确立特色实践目标也就是创造出真善美统一的理想客体。主体根据自身的需要和价值观念对有关新客体的各种情况和信息进行多方面、多角度的联想，产生多种可能的组合，并作出最佳选择，创造出最优价值关系的理想客体，

---

①　苏昌培：《特色论》，社会科学文献出版社 1992 年，第 76 页。

也就是确定了特色的实践目标。特色实践方案的建立，需要考虑的因素是多方面的，如实践的主体，谁去实现实践目标；实践的手段，即执行目标的各种物质工具、技术和方法、自然环境条件、社会条件等。对预设出的若干实践方案，再进行充分论证，从中选取最佳方案，确定执行实践活动的优质要素及其最优结合方式。在创优实践过程中，经常会出现原方案预想不到的情况和问题，甚至出现偏离结果的情况，在实践中必须按照反馈原理，及时调整原定的实践方案、手段、措施直至修改实践目的，使创优实践活动顺利、合目的地运行。

第二，突出主体优化，提高主体认识和创造特色的能力。认识和创造特色事物必须有优化的主体，只有主体优化才能认识特色和创造特色。主体的优化，取决于主体认识特色和创造特色能力的提高。认识的发展，重点在于主体认识结构在与客体的相互作用中的重构和建构。认识结构改变了，认识能力提高了，才有认识的创新发展，而不取决于知识积累。如果主体思想保守，观念陈旧，墨守成规，畏缩不前，不敢探索，遇到问题找书本上的答案，查前人、别人、上级是否说过，就难以认识和创造特色。只有全面优化主体的理性和非理性、认知和情感、意志、评价等，认识和实践的各方面能力都提高了，才能认识和创造特色。另外，不管人类、民族、国家和个人都有一个不断优化的问题，即不断打破传统限制，超越旧的框架，发展新的能力，只有这样才能不断认识和创造新的特色。

第三，突出最优综合，追求系统整体最优化。认识论从一般性、必然性、客体性方面来把握整体；实践论以系统综合为特征；特色论的思维方式以系统综合为基础，更进一步强调、突出追求系统整体最优化的特色综合。认识特色和创造特色面对的是一个极其错综复杂的系统，为了有效把握这个系统，必须在思维方式上突出最优综合，着眼于系统整体最优化。

特色综合在对客体、主体、主体与客体的各方面关系的分析时，是在特色综合的统摄下进行的，是以主体对最佳目标和最佳协调的整体追求、趋向综合为出发点的。特色的分析和综合是同步进行的，分析的每一步都受综合的指导，并与综合保持反馈，不断调整，修正偏差。特色综合系统的各种因素具有错综复杂的非线性作用，因而系统包含多种发展的可能性，在特色综合与分析的反馈调整过程中，通过组合思维的高度发散和高度收敛的统一、理性和非理性的统一等，对各种可能性进行最优选择，寻找系统最优化的组合，即最优结构，从而实现系统的最优化。

互联网思维是特色综合的重要方面。现在是信息时代，互联网进入千家万户，使人们的思想、观念、行为、习惯、考虑问题的角度、解决问题的方法等都呈现出从未有过的大变化。互联网不仅是产业，是科学技术，更是一种全新的思维方式，其作用必将越来越大。网络时代，时间和空间均被压缩为零。工作和生活的节奏大大加快，时间的灵活度、随意性和跳跃性提高；空间距离改变了，地球变成一个小小的村落，边界消失了。由于时空的压缩，人们自由地翱翔在思维的广阔天地里，古今中外，上下数千年，地球的每个角落均可以自由穿梭往返。互联网带来了对宇宙、生命、社会的重新思考，使人们重新考虑人与自然、人与社会、人和自己的关系问题。网络思维模式呈现多维立体结构，具有超强的弹性，导致信息的多种可能编排组合，属于多角度、多方位、多层次、多方面、多元的思维，思维的空间得到了前所未有的拓展。

"中国哲学的整体观、平衡观、辩证观，是应对大千世界不确定性的最佳逻辑，是最适合中国人的互联网思维。""互联网最大的价值，是增加了人类的生存维度。互联网思维最大的价值，是拓展了我们的三观——世界观、人生观、价值观，决定着人生路径和结局。"① 中国古代哲学体现在太极图里，它的核心观念是"整体观、平衡观、辩证观"，特色观的核心观念和中国古代哲学观相吻合，也与互联网的哲学观念相吻合。互联网对世界的改变，首先是对社会的改变，这种改变，是人文的、全方位的、多层次的。互联网既是生产力，又是生产关系，具有双重社会属性。互联网思维的核心是维度，是认识和创造特色思维的重要方式。

现代思维方式的特色思维广泛运用于网络思维，把网络思维与传统思维、线性思维与非线性思维、发散思维与收敛思维有机结合起来，并且不断增强辩证思维能力、历史思维能力、战略思维能力、底线思维能力和创新思维能力，不断丰富和发展富有时代特色的思维方式。

特色方法论形成于中国特色社会主义，几代党的领路人按照特色思维，不断推进，进入了新时代。习近平新时代中国特色社会主义思想载入宪法、写进党章，实现了党的指导思想的与时俱进，这一特色思想又是重大的理论创新、最重要的政治成果、最深远的历史贡献。

习近平总书记在党的十九大政治报告中所提出的一系列重大理论和重大决策，都体现了他的务实和创新精神。党的十九大郑重宣示中国特色社会主义进入新时代，新时代的"新"，在于我们面临着新的社会主要矛盾，即人民日益增长的美好生活需要和不平衡不充分的发展之间的矛盾，对党和国家各方面工作都提出了新的要求；中华民族迎来了站起来、富起来到强起来的伟大飞跃，全面建成小康社会，踏上全面建设社会主义现代化国家的新征程。习近平总书记这一理论创新就是实事求是、与时俱进、不断追求最优实践的特色思想的体现。

---

① 仲昭川：《互联网黑洞》，电子工业出版社 2014 年，第 186、282 页。

当前，世界正处于大发展、大变革、大调整的时期，世界多极化、经济全球化、社会信息化、文化多样化深入发展，世界不稳定不确定性突出，世界经济增长动能不足，贫富分化日益严重，世界怎么了？应该怎么办？中国的发展理念、发展道路的影响力显著增强，中华文化所蕴含的特色理念越来越显示其独特价值，将为世界选优创优发挥其重要作用。

第四章

中国特色社会主义理论对马克思主义的重要贡献

马克思主义自诞生以来，在世界上产生了巨大的影响，改变了世界尤其是改变了中国的历史进程，在当今世界中日益焕发旺盛的生命力。中国的革命、建设及改革的伟大实践形成了伟大理论，丰富、创新和发展了马克思主义，特别是中国特色社会主义理论是社会主义理论的一次飞跃，同时催生形成了哲学的实践论和特色论。这里就哲学特色论及其中国特色社会主义理论问题的思考提出来，以供讨论。

一、中国特色社会主义理论开拓马克思主义哲学发展新境界

（一）丰富和发展了辩证唯物主义

现有教科书认为，"质是一事物区别于其他事物的内在规定性"①。质是区别事物的根据。特色论认为，事物成为它自身并区别于其他事物的内在规定性，由取得支配地位的矛盾的主要方面而产生该事物的特殊质所决定。特殊质在同一类事物中的数量变化，就形成同类事物的质的优劣，同一类事物可分为一般事物、特殊事物、优质事物和特色事物。

---

① 本章所引用的论述，如果没有特别指出来，均引自马克思主义理论研究和建设工程重点教材，即由《马克思主义基本原理概论》编写组编写的、高等教育出版社 2018 年出版的《马克思主义基本原理》。

因为特殊质，从一般事物中又区分出同类事物中不同质的事物，特殊质丰富了物质观的内涵。

科学理解物质与意识的关系。"物质最本质的规定是客观实在性。""意识是人脑的机能和属性，是客观世界的主观映象。""物质决定意识，意识对物质具有反作用，这种反作用就是意识的能动作用。"特色、实践一般作为意识范畴，但在具体应用、过程及其结果应是物质范畴。同一概念可依情况同时表示物质或意识的范畴，这样的例子很多，如井冈山精神、长征精神、延安精神、"两弹一星"精神、大庆精神、焦裕禄精神、雷锋精神、女排精神、晋江经验等。物质第一性，精神第二性，这是唯物主义和唯心主义区分的原则问题，不可动摇。特色论认为，物质及其运动的主观映象多了，深入人心到一定时候，第一性升华为第二性，它既是第一性又是第二性的。但其形成的逻辑地位不变，物质是第一性，其丰富了物质观和意识观及其相互关系。

"发展是前进的、上升的运动，发展的实质是新事物的产生和旧事物的灭亡。"发展是新事物产生和旧事物灭亡，也就是转化。特色论认为，事物转化以后，新事物产生、或有特殊质的事物优化发展，事物质的不断优化，生成了特色事物。转化是发展，优化也是发展。中国共产党领导中国人民推翻三座大山，建立新中国，这是事物的转化，对中国人民来说是发展。中国特色社会主义建设，中国共产党领导中国人民优化社会主义的质，人民过上幸福的生活，这是事物的优化，对中国人民来说也是发展。转化与优化是事物发展的两种不同情况，属于不同的发展，丰富了发展观。

事物特殊质的产生有两种情况，即一般事物存在特殊质，或由对原先质的否定而产生，它们都具有向更高发展的可能性，而又需建立新的稳定性以使事物各方面的因素以特殊质为核心按一定方式最协调地组合起来。特殊质的产生为事物的发展确立了新目标，提供了实现这一目标的可能性和内在动力。由于事物处于错综复杂的相互作用中，因而事物的自我发展总是潜在地包含着多种可能性途径和趋向。主体为追求和实现某种价值的有目的的活动，在事物发展的多种可能性中选择以某种方式存在和运动，作为一种行为，对某种可能的追求，就是创优、优化、创造特色事物。特殊质，自优化选择、创优、形成特色事物。这是特色论关于优化发展的机制、途径和动力，丰富和深化发展观的内涵。

科学把握对立统一规律。"对立统一规律揭示了事物普遍联系的根本内容和变化发展的内在动力，从根本上回答了事物为什么会发展的问题。""矛盾是反映事物内部和事物之间对立统一关系的哲学范畴。对立和统一分别体现了矛盾的两种基本属性。""矛盾的同一性和斗争性相结合，构成了事物的矛盾运动，推动着事物的变化发展。"特色论研究质的优化，就对立统一规律来说，属于如何建立最佳的矛盾统一体的问题。事物的质在分化出一些较能适应内外部条件、有利于事物发展、可供事物选择的现实可能性时，这种可能性一旦被选择变为现实，特色就从可能变为现实。这种特色的事物，内部的各个方面处于最优的状态，协调关系最好，有最优化的外部环境。从系统论角度说，特色的形成，实质上是不断克服事物内部各因素间及事物间所存在的种种冲突和不协调，建立最有利于事物质的潜力充分发挥的最佳稳态的过程，实现事物系统内部与外部之间物质、能量和信息的良性循环，达到系统功能最佳。现有发展观对于对立统一规律来说，矛盾的对立和统一、斗争和同一，是矛盾解决的方式。特色论的优化，建立最佳矛盾统一体，是矛盾解决的另一种方式。中国特色社会主义的全部目的，就是建立社会主义的最佳矛盾统一体，创立中国社会主义的社会特色，不断巩固、坚持和发展社会主义制度。

"事物的矛盾运动表现为量变与质变及其相互转化。""量变是质变的必要准备。""质变是量变的必然结果。"按照现有教科书关于量变质变规律，就是量变达到了关节点产生部分质变、总体质变，新事物在质变中产生并呈现波浪式上升发展。量变是为了质变，质变是量变的目的。新事物因为有特殊质，通过自组织、自优化和选择，充分发挥内在潜力，并创造最优的环境，这就是量变过程，通过优化发展，成为优质事物。优质事物再继续优化，创造出特色事物。这里的量变和质变都是事物质的优化发展，质变不是从根本上改变其性质。中国特色社会主义是对社会主义质的优化，到21世纪中叶，建成现代化国家，也是对社会主义质的优化，社会主义的质还要继续不断优化下去，直到共产主义。特色论的优化也即量变是事物质的肯定，而不是事物质的否定，拓展了现有量变质变规律的内涵。

"否定之否定规律揭示了事物发展的前进性与曲折性的统一。前进性体现在：每一次否定都是质变，都把事物推进到新阶段；……曲折性将为事物的发展开辟道路。这表明，事物的发展不是直线式前进，而是螺旋式上升。"质转化后的新质，或有特殊质的事物，通过质优化，形成优质事物。优质事物再优化，使事物具有最优存在方式、最优演化方向、最符合人类价值原则和最能适应环境变化的特色事物。这就是"肯定之肯定"的特色发展观，对于发展具有更加重要的意义。

肯定意味着否定质变后的新生事物的优化发展，表明新生事物对自身的肯定，而对不适应的旧事物的否定。任何事物内部都包含着肯定和否定两个方面，肯定方面是维持现存事物存在的因素，否定方面是促使现存事物灭亡的因素。由于矛盾双方的相互作用，当肯定方面上升至支配地位时，事物就会由否定后的新生事物走向对自身的肯定，再由肯定进一步走向更高阶段的肯定，即肯定之肯定。

事物自身发展自身的完善过程构成了肯定之肯定规律。肯定之肯定的基本内容是，肯定是事物的自我肯定、自我优化、自我发展，是事物内部运动的结果；肯定是新质优质事物联系的环节，新质优质事物通过肯定环节联系起来；肯定是事物发展的环节，是有特殊质的事物向优质事物再向特色事物的优化发展，是质的自我提升，质的飞跃发展；辩证肯定的实质是"创优"，即优质特色事物对新质事物的既继承又创优创新，既发扬积极因素又创优创新发展。

事物的肯定辩证发展过程经过了"否定—肯定—肯定之肯定"三个阶段。第一次肯定使问题得到初步解决，而处于肯定阶段的事物仍然具有片面性，还要经过再肯定，即肯定之肯定，实现矛盾最佳统一体，使事物得到高度发展。事物的肯定发展经过两次肯定、三个阶段，形成一个周期。其中，肯定之肯定阶段仿佛是向原本出发点的"回复"，但这是在更高阶段的"回复"。事物的发展呈现出周期性，不同周期的交替使事物的发展呈现出波浪式前进或螺旋式上升的总趋势。肯定的辩证发展与否定的辩证发展一样，事物的发展不是直线式前进，而是螺旋式上升。然而它们上升的机制与作用不同，否定的量变是质变，肯定的量变是形成优质特色事物。我们必须重视事物的肯定发展，前途是光明的，道路是艰难曲折的。毛泽东同志领导的新民主主义革命斗争，推翻了反动统治阶级，属于"否定之否定"的发展。邓小平同志及几代的共产党的领路人的中国特色社会主义，巩固社会主义制度，充分发挥社会主义制度优越性，属于"肯定之肯定"的发展。这样，深化和拓宽了关于"否定之否定"的理解。否定与肯定是矛盾的两个方面，一方是否定，另一方是肯定，这主要是看站在什么立场、什么角度看问题。

科学把握联系和发展的基本环节。内容与形式、本质与现象、原因与结果、必然与偶然、现实与可能构成了联系和发展的基本环节。"任何原因都必然引起一定的结果，没有'无果之因'；任何结果都是由一定的原因引起的，没有'无因之果'。"特色论的特色思维方式是以系统综合为基础，强调和突出系统整体最优化的特色综合。特色综合注意到事物的多因素、多变量的统一，注意到事物联系的线性和非线性，注意到事物发展的多种可能性与选择性，注意到事物所产生的原因和结果（目的）的双向作用等。特色思维具有整体性、具体性等综合的特征。按照特色论观点，原因与结果、现实与可能等联系和发展的基础环节都不是线性的机械决定论，而是双向的、非线性的关系，拓宽了联系和发展环节的现代思考路径。

正确理解内外因关系。关于特色形成的内外因关系，前面已有论述。根据和条件逻辑地位不变，一般来说内因是事物变化的根据，外因是根据能够得以实现的条件。它们不是决定与非决定、主要与非主要的关系，因为内外因关系的复杂性、变动性，它们的主次地位是可变的。根据系统论的观点，事物的性质和作用取决于它所处的更大的整体系统中的地位和作用，因而其内外因所起的作用的主次地位是可变的。如扶贫，国家给予智力支持及少量资金扶持，贫困家庭有了脱贫的决心、脱贫的方法，并有资金从事项目开发，就会在一定时间内脱贫，并走上富裕道路，这是外因通过内因而起作用的例子。

关于真理检验问题的思考。"在实践检验真理的过程中，逻辑证明可以起到重要的补充作用。""已被逻辑证明了的东西，还必须经过实践的检验，并最终服从实践检验的结果。"关于检验真理的问题，特色论研究认为，逻辑证明作为补充，而只有实践才是检验真理的唯一标准，这对于科学试验及一般的社会问题无疑是正确的。但一些极其复杂的事物及其运动，如重大的社会和政治问题，有时由于政治的压力和影响力，事实的真相受到扭曲或未充分暴露时，对于真理的检验，除了实践外，还必须接受历史的检验。

（二）丰富了历史唯物主义

优化原理丰富了人类社会历史发展规律的学说。唯物史观认为，社会存在决定社会意识，人类社会历史发展是统一性和多样性的辩证统一。人类历史的发展进程有着严格的顺序性，由低级向高级社会形态发展，依照原始社会、奴隶社会、封建社会、资本主义社会、共产主义社会总趋势发展，这是历史的统一性，必须通过各个国家的多样性发展道路来实现。社会基本矛盾是历史发展的根本动力。"生产力和生产关系、经济基础和上层建筑的矛盾是社会基本矛盾。这两对矛盾贯穿人类社会发展过程的始终，决定社会的一般进程，推动社会向前发展。"生产力是社会基本矛盾运动中最基本的动力因素，是人类社会中发展和进步的最终决定力量。生产力和生产关系的矛盾，决定着社会基本矛盾的存在和发展。社会基本矛盾从根本上影响和促进社会形态的变化和发展。

社会基本矛盾的尖锐化，利益矛盾累积到一定程度就会引发阶级斗争甚至社会革命，促使一定的社会形态的变迁或交替。特色论认为这是事物的转化，事物的质发生根本改变了。新民主主义革命的胜利，建立社会主义的新中国，就属于转化发展。

新的社会形态确立之初，或者正常的社会形态，都存在着生产力和生产关系不相适应的情况，必须经历一段时期的自我完善、自我优化的过程，通过改革不适应的生产关系及其上层建筑，促进了生产力的发展。特色论称之为事物的优化发展，事物的质没有根本改变，是质的优化、质的发展，属于事物的肯定发展。社会转化和优化是互为辩证的关系，社会转化是社会优化的基础和前提，社会优化是社会转化的发展和结果。事物质转化后，新生事物如果具有特殊质，那么同时必须继续质的优化，改变不适应生产力发展的生产关系，才能是不可战胜的，否则生命力是短暂的，或造成质的分化甚至质的劣化。资本主义及其以前的社会制度没有像社会主义制度的生产资料社会共有的这个特殊质，社会质的优化没有根本性的效果，最后必然消亡。苏联和东欧进入社会主义后，有了社会主义的特殊质，但没有进行社会主义质的优化而造成质的劣化的结局。中国特色社会主义就是社会主义在中国质的优化发展，对于巩固和发展社会主义十分重要，是社会主义发展的必由之路。特色论的优化原理丰富了人类社会发展规律的学说。

人类社会历史是一部呈波动性的、并不断推陈出新交替创优的历史。世界上所有国家和民族处于你追我赶的进步和发展中，构成一幅波澜壮阔的历史画卷，同时构成社会形态更替变化的基本轮廓。一种社会形态，一个国家的产生、存在和发展，取决于社会形态或社会制度的转化和优化，特别是新质的优化及其特色的创造，人类社会才能在这样的交替中进步和发展。

无论是发达国家和民族，还是发展中的国家和民族都面临着优化上升或劣化衰退的选择。社会形态也一样，先进的并不总是先进的，落后的也并不总是落后的，关键在于制度的选择和创新，及制度确立后的优化，因而造成不同的社会发展历史。

资本主义萌芽产生于 14 世纪末的地中海沿岸的一些城市，17 世纪中期到 18 世纪后半期，英法等国先后进行了资产阶级革命，建立了资产阶级的政治统治，通过工业革命，社会生产力空前发展，资本主义生产方式的支配地位形成，资本主义制度确立。资本主义由自由竞争资本主义逐步向垄断资本主义过渡。马克思、恩格斯在《共产党宣言》中指出："资产阶级在它的不到一百年的阶级统治中所创造的生产力，比过去一切世代创造的全部生产力还要多，还要大。"① 资本主义的基本矛盾——生产社会化与生产资料资本主义私人占有之间的矛盾"包含着现代的一切冲突的萌芽"。越是发展，"社会化生产和资本主义占有的不相容性，也必然越加鲜明地表现出来"。②"马克思、恩格斯认为，只有用社会主义生产方式取而代之，才能根本解决资本主义生产方式的基本矛盾。"

资本主义社会的早期已为人类作出重要贡献，然而由于社会的基本矛盾已经相当尖锐，不可能进行自身的优化，如果有一些政策的调整，作用也是暂时的，社会的根本性质不会改变。同时长期以来形成的欺压掠夺他国财富的恶性，如养尊处优，不思进取，阻挠和限制新生事物，维护旧传统，思想保守，失去活力。资本主义的生产关系容纳不了生产力的发展，资本主义的质会不断劣化，从量变到质变，最终被社会主义所代替。

特色论认为，相对落后的国家为求生存和发展，必须不断进行革新创新创优活动，致力改善本国的生产和生活方式，形成自身优势，赶超先进国家。落后者具有穷则思变的"潜在优势"，正如现代进化论揭示的，物种进化并不是从最发达的物种走向新的水平，落后者具有更好发展的可能性。落后国家如能振奋精神、励精图治、善于学习，结合本国实际，持之以恒，很有可能实现后来者居上。

社会主义制度建立也只有 100 多年的时间，出现了多国的社会主义，社会主义开始时处于探索阶段，出现分化、解体，或者严重困难。

---

① 中共中央马克思恩格斯列宁斯大林著作编译局：《马克思恩格斯文集》第 2 卷，北京：人民出版社 2009 年，第 36 页。

② 中共中央马克思恩格斯列宁斯大林著作编译局：《马克思恩格斯文集》第 3 卷，北京：人民出版社 2009 年，第 551 页。

20 世纪 80 年代，中国提出了走自己的路，建设有中国特色的社会主义。中国通过改革开放，优化社会主义的质，发展了生产力。经过 40 多年，中国特色社会主义走完了西方发达资本主义国家几百年走过的工业化历程，消除了绝对贫困，创造了人间奇迹，充分体现了社会主义公有制的制度优越性，充分体现了社会主义的生机和活力，解决了社会主义建设的一系列重大的实践和理论问题。特色论认为，社会主义代替资本主义是历史的必然。

社会优化方式丰富了社会历史发展的动力学说。马克思主义的唯物史观指出："物质生产方式是社会发展的基础。在此基础上形成的生产力和生产关系的矛盾、经济基础和上层建筑的矛盾是社会发展的基本矛盾和根本动力，这一基本矛盾的运动从根本上解决了各种社会矛盾的产生和发展……决定了社会形态由低级向高级的发展。"社会主体人会根据社会基本矛盾运动情况，采取相应的社会方式和程度作用于社会现实，以促进基本矛盾运动的健康发展。依据生产关系阻碍生产力的情况，采用阶级斗争或社会革命的社会方式，根本上改变原有的生产关系，改变了社会形态，革命解放生产力，即为社会的转化。生产关系不能适应生产力发展的情况，采用改革方法，改变不适应的生产关系，改革也是发展生产力，即为社会的优化。

人类社会历史始终是在人们对现实历史条件的认识和改造活动中前进的，是历史决定论和历史选择论的统一。社会主体依照社会基本矛盾及其时空条件，采取相应的社会方式作用于现实社会，促进社会历史的发展。特色论是在中国特色社会主义的社会主义优化中产生的，社会优化发展实践为特色观的形成提供了丰富的素材和有价值的思考。社会主义的改革，改变不适应生产力发展的生产关系，目的是促进生产力的发展及财富的科学分配。资本主义为什么会消亡，就是财富为少数人所有，社会主义的财富归全体人民所有，这是社会主义与资本主义的根本区别。发展生产力、消除两极分化、实现共同富裕是社会主义的根本性质和根本目的，是改革的最终目的，也是改革是否成功的根本标志。改革的同时，必须坚持四项基本原则，就是改革必须坚持社会主义的质，改革必须在社会主义制度原则下进行，才能保证社会财富的科学分配，真正做到人民至上，社会主义生产关系改革的同时，配套对外开放、发展科学技术、加强社会管理、营造和平和谐环境、发挥思想政治的作用等。生产力发展的同时，特别要注意社会财富的科学分配，包括就业、工资福利、社会事业、医疗卫生、健康、教育等民生问题的配套改革，真正体现人民利益高于一切的社会主义制度的优越性。特色论的社会财富科学分配的社会优化方式丰富了唯物史观的社会发展的动力学说。

主体优化原理向世界和历史宣告，共产党始终是社会主义事业的领导核心。社会历史发展是通过社会主体在社会发展的多种可能性中选择实现的，是在主体人自觉选择和能动性实践活动中创造的，社会发展是人目的性的产物。社会的选择和创优的主体是人民群众，它一般要通过群体的优秀团队即历史人物来完成，集中群众的意见，形成计划和任务，宣传鼓动群众，号召组织群众，形成群体力量，在实践中实现社会发展的目的。近代中国的社会主义历史发展就是中国共产党这个优秀团队担当起伟大的历史责任。优秀团队应该而且必须由伟大的领袖人物担负领导的核心，才能够在历史决定的可能性空间中做出社会和时代需要的最优选择。中国共产党历史上的毛泽东、邓小平、江泽民、胡锦涛、习近平等领袖人物领导党和人民奋斗在民族复兴的伟大征程中，取得令世界瞩目的成就，永远载入中华民族史册。

中国共产党诞生于国家内忧外患、民族危机之时，自创立起就把马克思主义鲜明地写在自己的旗帜上，把共产主义确立为最高理想。100

多年来，中国共产党经历了无数艰险和磨难，作出重大牺牲，任何敌人、任何困难风险都打不倒压不垮，越来越强大。中国共产党人不忘初心，不辱使命，坚守信仰，坚持信念。伟大建党精神、锤炼的政治品质、凝聚的伟大品格，已经深深融入我们党、国家、民族、人民的血脉之中。我们党已经形成了一整套社会主义革命、建设和发展的理论，并且回答和解决了作为执政党自我完善、自我优化的强党之路。中华民族迎来了从站起来、富起来到强起来的伟大飞跃，中国共产党正在向着第二个百年奋斗目标实现现代化的伟大复兴迈进。

社会主义是史无前例的伟大事业，社会主义的优化发展千头万绪，但关键是优化主体的优秀团队中国共产党的坚强有力的领导。中国人民选择共产党作为领路人，中国共产党选择广大人民为同路人。100 多年来，中国共产党在马克思主义旗帜下，在社会主义大道上大踏步前进，开创了人类历史，是历史的必然。特色论确信，中国共产党是社会主义事业无可争议的伟大的领导核心，并将胜利地领导全中国迈向社会主义更加美好的明天，为全世界人民作出典范。

矛盾最佳统一体原理丰富了经济全球化思想。经济全球化是生产力发展和社会大生产的必然要求，是在生产不断发展、科技加速进步、社会分工和国际分工不断深化、生产的社会化和国际化程度不断加深，各个国家和地区相互联系、相互依赖加强的情况下形成的。马克思、恩格斯在《共产党宣言》中指出："资产阶级，由于开拓世界市场，使一切国家的生产和消费都成为世界性的了。"① 这意味着经济全球化已经萌芽。20 世纪 80 年代以来，随着冷战结束和新科技革命的推动，世界进入经济全球化时代。

---

① 中共中央马克思恩格斯列宁斯大林著作编译局：《马克思恩格斯文集》第 2 卷，人民出版社 2009 年，第 35 页。

在经济全球化进程中，社会分工在更大的范围内运行，资金、技术等生产要素可以在国际社会流动和优化配置，推动了世界生产力的发展。习近平总书记指出："经济全球化为世界经济增长提供了强劲动力，促进了商品和资本流动、科技和文明进步、各国人民交往。"① 经济全球化同时带来了收益的不平等、不平衡，加剧了发展中国家资源短缺和环境污染恶化，增加了经济风险等负面影响。经济全球化是世界各国、各民族共同实现发展的大舞台，中国提出了构建"人类命运共同体"的理念，以引领经济全球化，"以文明交流超越文明隔阂、文明互鉴超越文明冲突、文明共存超越文明优越。""推动经济全球化朝着更加开放、包容、普惠、平衡、共赢的方向发展。"改革开放，中国是经济全球化的受益者，更拉动了全世界经济增长，对世界经济的发展作出了贡献。

事物的发展，形成各个国家的对话交流日益广泛和深刻、形式多样的相互作用。社会历史的整体趋势越来越强，形成多极化的有机整体，"世界历史"、经济全球化是必然趋势。经济全球化促进世界生产力发展，有负面影响，这很正常。经济全球化这个矛盾体必须不断克服内部各因素之间存在的种种冲突和不协调，坚持多边主义，坚持国际公正和道义，共建美好家园，发挥矛盾体的最佳功能，共同建立最佳矛盾统一体。这就是中华民族历来讲求的"天下一家"、主张的"天下大同"、憧憬的"大道之行，天下为公"的美好世界，也就是现代中国提出的"人类命运共同体"理念。面对不同国家在生产方式、发展水平、文化背景等方面的差异，中国坚持合作，不搞对抗；坚持开放，不搞封闭；坚持互利共赢，不搞零和博弈；反对霸权主义和强权政治，共同推动经

---

① 习近平：《习近平谈治国理政》第 2 卷，外文出版社 2017 年，第 477 页。

济全球化不断向优化方向发展。经济全球化必将随着世界和时代的发展而不断优化和发展。

人的特殊性原理丰富了关于人民群众的思想。马克思主义的唯物史观认为，人民群众是历史的主体，是历史的创造者。"人民群众是一个历史范畴。从质上看，人民群众是指一切对社会历史发展起推动作用的人；从量上看，人民群众是指社会人口中的绝大多数。"人民群众是社会物质财富和精神财富的创造者，是社会变革的决定力量。

人类社会进入阶级社会以来，一直是少数人拥有社会的生产资料，从而掌握国家政权，凭借国家政权压迫和剥削广大人民群众，劳动财富由人民创造，供少数人享受。中国几千年的社会历史也是这样，直到中国共产党领导中国人民建立了中华人民共和国，开辟了人类历史上最伟大的制度即生产资料公有的社会主义制度，才从制度机制上创造了为人民谋幸福的平台和条件。中华人民共和国成立 70 多年来，初期实行全国的土地改革，人民普遍有了土地这一生产资料，改革开放后，全面免除农业特产税，至 2020 年消除了绝对贫困。这些在世界发展史上、中华民族历史上都是开天辟地的大事件。中华民族历史上，人民生活从来没有这样好，社会从来没有这样和谐。然而，社会在发展，历史在进步，人民是主人，生活要幸福，永远是社会主义执政党的历史任务和重大课题，人民的幸福永远在路上。

特色论认为，社会历史发展是人们在历史必然性、规定性所提供的多种可能性之间的自主自觉的选择、创优的结果。历史的选择一般是社会主体人选择有利于自己生存和发展的社会历史条件，社会形态和制度的更替都是当时人们无法生存进行社会革命而造就的。人从自然人进入社会就是社会人，人指的是广大人民群众。社会人具有自然和社会的双重属性。从自然属性看，人要劳动，必须有相应的吃穿住行等基本条件；从社会属性看，人创造社会财富，推动社会发展，人是主人，必须有主人的相应地位、权利、待遇等主人相。

人（人民群众）是社会优化的主体又是社会优化的对象，这是从人的特殊性即双重属性的特点得出的结论。优化主体是针对人的社会属性说的，优化对象是针对人的自然属性说的。优化主体，是社会发展和进步的决定力量，是社会的主人，这是唯物史观的重要思想。社会主义的全部工作和目的都是为了人民，这是社会主义与以前的社会制度的根本不同。制度的好坏，人民说了算。改革的目的是让人民过上更加美好的生活。共产党依靠人民取得政权，共产党运用政权为人民谋幸福，天经地义。

人的特殊性原理启示我们，关于人民群众的思想应该而且必须有科学、完整、发展的认识。

特色论认为，主体人的个体优化是社会发展的基础及终极目标。实现人自由而全面的发展是马克思主义追求的根本价值与目标，也是共产主义社会的根本特征。"在共产主义社会，人的发展是自由而全面的发展，是建立在个体高度自由自觉基础上的全面发展。马克思认为，那时，人摆脱自然条件下对'人的依赖关系'，也摆脱了商品经济条件下对'物的依赖性'，实现了人的'自由个性'的发展。"

马克思主义认为，共产主义的基本原则就是每个人全面而自由的发展观点，一个社会能不能发展决定于人的主体地位和作用能否得到"全面自由的发展"。社会是人类实践的产物，一个社会能否创优发展，由主体人的状况好坏来决定，即人的优化，"全面自由的发展"与否来决定。人的优化是指人的价值取向的优化和素质的优化。现实的人无不是在明确的自觉目的支配下开展社会活动。然而，一般情况下，"并不是按照一个统一的目标和意志去实现的，而是在人们不自觉的情况下形成的，因此对于每一个现实的个人来说，他们自觉的只是他们自己个人的目的、意志和行动，至于整个社会有机体的发展和运动则是他们不自觉的"①。这时社会的优化发展，个人不理解，更支配不了它。这样，社会优化的主体就难以发展壮大，也难以向优化主体的优秀团队输送人才。现实的人应该而且必须通过学习社会知识、自然科学知识、市场经济知识等，才能逐步摆脱对"人"和"物"的依赖，提高自己的素质和能力，得到"全面自由的发展"，满足"自我实现"的需要，参加社会主义实践，创造社会主义特色。个人的优化发展和优化群体不断壮大，为社会主义优化提供强大推动力，为共产主义的实现做好准备。

中国特色社会主义理论丰富和发展了马克思主义的辩证唯物主义和历史唯物主义，使马克思主义哲学不断发展并且体现了时代特征。同时，中国特色社会主义理论有了时代科学的哲学基础，成为时代的理论。

二、中国特色社会主义理论是社会主义理论发展的一次飞跃

"马克思主义具有鲜明的科学性、革命性、实践性、人民性和发展性，这些鲜明特征体现了马克思主义的本质和使命，也展现了马克思主义的理论形象。"现代中国的特色理论科学地指出，社会主义及其一般的运动规律，中国所处的历史阶段及所要解决的重要历史课题，所采取的途径和方法以及要达到的目标，实践证明是正确的。中国特色社会主义理论体现了马克思主义的科学性；坚持社会主义制度，不断改革不适应生产力发展的生产关系及上层建筑，优化社会主义的质，体现了马克思主义的革命性；将实践从认识世界的角度转向"改变世界"这一根

---

① 苏昌培：《特色论》，社会科学出版社1992年，第140-141页。

本问题，把社会主义建设当作全部实践的基础、出发点、内容、过程、目的和检验的标准，理论来源于中国特色社会主义实践，特色理论体现了马克思主义的实践性；始终把人民至上作为根本的政治主场，中国共产党一直把人民放在心中的最高位置，一切为了人民的根本利益；中国特色社会主义理论是不断发展的学说，具有与时俱进的理论品质。从邓小平有中国特色的社会主义理论、"三个代表"重要思想、科学发展观，再到习近平新时代中国特色社会主义思想，侧重点各不相同，但一脉相承，不断发展，不断创造新成果，具有鲜明的科学性、革命性、实践性、人民性和发展性，充分体现了马克思主义的本质和使命，也体现了马克思主义理论的形象，继承、丰富和发展了马克思主义，是马克思主义的现代发展，是现代的中国马克思主义。

任何科学思想都是一定历史时期的人们对客观事物的一定程度的认识，正确把握客观规律的认识活动是一个无限发展的过程。社会主义理论的发展也随着社会主义实践的发展而逐步深化。从空想社会主义到科学社会主义，这是社会主义理论发展的第一次飞跃；从社会主义理论到社会主义现实，这是社会主义理论发展的第二次飞跃；从单一模式社会主义到特色社会主义，这是社会主义理论发展的第三次飞跃，它把社会主义理论推到一个新的高度，为社会主义实践的深入发展指明前进的方向。

对社会主义的认识建立在更加科学的基础上。社会主义建设在许多国家出现失误和挫折后，人们逐步认识到，社会主义各国的情况不同，不能只有一个模式，建设的道路和方法应当而且可以有所不同。中国特色社会主义理论的总体思路是"走自己的路"，路是"特色"的路、"结合"的路，把马克思主义的普遍真理与本国具体实践相结合。

中国特色社会主义是在经济落后的国家搞建设，明确了社会主义发展过程中，有初级阶段与发达阶段之分，在初级阶段不能以发达阶段的标准来推进工作，把中国特色社会主义建设定位在社会主义初级阶段是最重要的国情。在社会主义初级阶段的中国社会的主要矛盾是"人民日益增长的物质文化需要同落后的社会生产之间的矛盾"，为了解决社会主义的主要矛盾，我国提出了"一个中心，两个基本点"的基本路线。通过中国特色社会主义的实践，社会生产力有了极大提高，国防实力有了较大提升，人民生活有了很大改善。改革开放以来，从实践和理论上回答和解决了什么是社会主义、怎样建设社会主义，建设什么样的党、怎样建设党，实现什么样的发展、怎样发展，什么是新时代中国特色社会主义、怎样建设新时代中国特色社会主义等巩固和发展社会主义的重大课题。党的十九大将我国社会主要矛盾修改为"人民日益增长的美好生活需要和不平衡不充分的发展之间的矛盾"。中国特色社会主义进入新时代，但仍然处于社会主义初级阶段，从而制定一系列相应的路线、方针、政策。中国特色社会主义实践形成一整套特色社会主义理论，对社会主义的认识建立在更加科学的基础上，丰富和发展社会主义的学说，是社会主义理论发展的第三次飞跃。

马克思曾经认为，商品是私有制和社会分工的产物，在社会主义社会中，商品和货币都将退出历史舞台。于是，很多社会主义国家一直把计划经济和商品经济对立起来，把企业和市场管死，生产和需要脱节，社会主义遭受严重损失。中国特色社会主义强调商品生产和市场调节的作用，并提出社会主义市场经济，大大促进了社会生产力的发展，在实践中发展社会主义。

原来，社会主义实行生产资料公有制，但早期公有制只停留在两种所有制的理论而忽视其存在的多样性，实践证明是十分有害的，这造成市场供应紧张、劳动力没出路、群众收入少、生活艰苦、生产力发展慢等问题。允许并鼓励发展私有经济和个体经济，作为社会主义经济的必要补充，对国家、社会、集体、个人、市场各方面都好。据统计，在中国经济版图中，民营经济占据着重要地位，税收占50%以上，GDP占60%以上，技术创新占70%以上，企业数量占90%以上，城镇劳动就业占80%以上，新增就业占90%以上。中国特色社会主义也不是只有按劳分配一种形式，而是以按劳分配为主的多种分配并存。生产资料、资金、技术、劳务等都进入市场，发行股票、债券、承包、租赁、企业兼并，这些经济活动都有，只要有利于发展生产力的，遵守国家法律法令的都可以经营。中国特色社会主义建立在更为客观、现实的基础上。

　　中国特色社会主义的高度原则性主要表现：首先，坚持社会主义，应当坚持社会主义道路、共产党的领导、人民民主专政、马克思主义，它们相互联系，缺一不可。其次，坚持发展社会主义，应当坚持物质文明与精神文明两个文明一起抓，互为条件，又互为目的。物质文明为精神文明提供一定的物质条件，以社会主义核心价值观和共产主义思想为主要内容的社会主义精神文明，也对社会主义物质文明建设起了巨大的推动作用。最后，坚持发展社会主义，把学习到的外国经验同本国的具体实际结合起来，这是建设社会主义一个不可缺少的条件。这些是特色社会主义具有高度原则性的表现。

　　中国特色社会主义的广泛适应性主要表现：首先，使社会主义理论在思想观念上具有开放性，是指以发展现代生产力为中心的富强、文明、民主的观念；其次，使社会主义理论在对社会主义制度形态的认识上具有革新的特点，是指社会主义经济、政治等制度与意识形态结构的构想中体现一种革新精神；最后，使社会主义理论在对社会主义道路形态的认识上具有开拓性的特征，是指不同国家的国情不同，建设社会主义的道路可以多样化。这些是中国特色社会主义具有广泛适应性的表现。

中国特色社会主义的高度原则性和广泛适应性的辩证统一，高度原则性坚持社会主义的质，这是共产党人执政的根本性质，是马克思主义的核心内容，同时，灵活运用社会主义的开放性、革新性和开拓性的广泛适应性，使社会主义制度具有更大的弹性，坚持原则性，尽可能调动、吸纳和利用一切有利于建设和发展的有利因素，为社会主义服务，促进社会主义更快的发展。

中国特色社会主义实践及其特色理论指明，社会主义是很长的历史时期，分为初级阶段和高级阶段。中国特色社会主义初级阶段的改革开放、优化发展贯穿社会主义初级阶段及其社会主义整个发展过程。社会主义初级阶段改革开放、不断优化的主要任务是发展社会生产力，消除两极分化，实现共同富裕。社会主义初级阶段又是阶段优化的发展过程。

中国特色社会主义一开始就把"一个中心，两个基本点"作为中国特色社会主义初级阶段的总路线，在生产力发展及社会建设上采取分阶段推进的方式，即阶段优化的肯定发展阶段论。农村推行联产承包责任制，创办乡镇企业，解决了中国历史上从未解决的温饱问题；紧接着，着手国有企业改革，试办经济特区发展对外开放，允许个体经济发展，探索社会主义有计划商品经济，在中华民族历史上一直存在的农业特产税免除了，部分群众进入了小康生活；随着改革的不断深入，生产力不断发展，社会主要矛盾发生了变化，中国特色社会主义进入新时代，社会主义市场经济初步形成，经济发展进入新常态，由量的扩张进入质的提升，消除了绝对贫困，中国人民的生活全面进入小康阶段。中国特色社会主义正在向实现现代化的中华民族伟大复兴的中国梦迈进，中国将以更加昂扬的姿态迈向世界舞台。

中国特色社会主义通过改革开放，坚持不断优化发展和阶段性优化发展的有机统一，以发展生产力和提高人民生活水平为主线，分阶段调整政策，不断优化社会主义的质，正在建立成熟的、发达的、稳定的社会主义制度，丰富和发展了马克思主义的社会主义学说。

实践论和特色论丰富和发展了辩证唯物主义，提出的优化、肯定规律是事物及其运动的普遍规律，作为马克思哲学的否定的观点的补充，对于社会主义建设，巩固和发展社会主义有着重大现实意义和深远的历史意义。

"新时代中国共产党人赋予马克思主义以鲜明的中国特色、民族特色、时代特色，使人们对共产党执政规律、社会主义建设规律、人类社会发展规律的认识达到了一个新的历史高度，使科学社会主义释放出具有强大说服力、感召力的真理光芒。"①

马克思主义仍是观察当代世界变化的认识工具，指引当代中国发展的精神旗帜，引领人类社会进步的科学真理。我们要学习马克思主义不断探索真理的科学精神、坚定的革命立场和彻底的批判态度、理论与实践的统一、人民利益高于一切、开放的与时俱进的理论品质，不断把马克思主义推向新的高度。

---

① 宣言：《中国没有辜负社会主义》，载《泉州晚报》，2021 年 6 月 8 日，第 14 版。

第五章

中国现代哲学的内部关系及其创立的逻辑必然性

中国现代哲学包括毛泽东时代的认识论、马克思主义哲学中国化的实践论和中国马克思主义哲学的特色论。中国现代哲学将马克思主义的认识论发展为马克思主义哲学中国化的实践论，再进一步发展为中国马克思主义哲学的特色论。

一、认识论、实践论和特色论的关系

从目的看，认识论是认识世界，实践论是改变世界，特色论是优化世界。

从哲学意义看，认识论着重矛盾的否定，实践论着重矛盾的肯定，特色论着重矛盾的肯定之肯定。

从实践的地位看，认识论将实践作为中介，实践论将实践作为对象，特色论将实践作为优化对象。

从适应范围看，认识论适应人活动的情况，实践论适应人活动的情况，特色论适应所有的情况。

从思维方式看，认识论为抽象性思维，实践论为系统综合思维，特色论为最优综合思维。

从主客体关系看，认识论以客体为本位，实践论为主客体双向互动，特色论为主客体优化。

从主体作用看，认识论主要反映客体，实践论强调主体性作用，特色论突出主体优化。

认识论、实践论和特色论各不相同，有所区别，然而它们一脉相承，相互联系，相互影响。它们都是马克思主义哲学这条藤上的瓜，瓜离不开藤，藤离不开瓜。藤上的瓜有先有后，它们千姿百态，共同装扮成美丽的百花园。

马克思主义哲学产生于19世纪中叶，它的产生是资本主义制度的矛盾发展和无产阶级革命斗争的产物，是在批判地总结黑格尔和费尔巴哈的德国古典哲学优秀成果基础上产生的，从而建立辩证唯物主义和历史唯物主义的科学的世界观和方法论。社会主义理论从空想变为科学，在哲学上形成社会历史存在论，用以指导各国无产阶级革命斗争。先是列宁后是毛泽东，运用马克思主义哲学思想指导本国的革命运动，产生了认识论的世界观和方法论，坚持彻底的唯物主义的反映论，把实践引入认识论，把辩证法应用于反映论，阐明了在实践基础上主体和客体的辩证关系，实践和认识的辩证发展的途径、方法和机制。认识论在当时的实践中取得了预期的结果，也为人们的今后实践提供了方法论基础以及实践活动的社会主义建设舞台。如果没有认识论的伟大成果，实践论和特色论的突破起码要延迟。认识论、实践论和特色论是一脉相承的关系。

在世界社会主义遭受严重曲折的情况下，邓小平同志以无产阶级革命家的政治勇气，向世界宣布，走自己的路，实行改革开放，进行了有中国特色社会主义伟大实践。中国共产党运用马克思主义哲学的认识论，勇于开拓，敢于创新，改革不适应生产力发展的生产关系，取得了伟大成就，形成了整套理论体系，从而产生了马克思主义哲学中国化的实践论。没有马克思主义的认识论及其创造的社会主义舞台，就不可能有实践论，更不可能有特色论。实践的过程和成果也必然充实、完善和丰富认识论的内容，比如主客体的互动关系、主体的目的性问题、思维方式的现代发展等。认识论、实践论和特色论是相互影响的。

二、中国现代哲学形成的逻辑必然性

马克思主义哲学认识论是马克思主义与当时的苏联和中国的革命实际相结合，列宁和毛泽东共同创立的马克思主义哲学认识论，作为当时制定党的路线、方针、政策的基础，用于指导本国的实践，取得了革命的胜利，推翻了反动统治，人民当家作主，开辟和确立了社会主义制度，它是历史逻辑与现实逻辑的结合。

马克思主义哲学中国化的实践论，社会主义各国在初期没有经验，本本上没有现成的答案，加上资本主义的包围、阻挠，社会主义各国普遍出现问题，苏联解体、东欧剧变、中国处于危险的边缘。邓小平同志及中国几代党的继承人，把马列主义、毛泽东思想与中国社会主义建设实际进行了第二次结合，坚持和发展中国特色社会主义，取得成功。它是马列主义、毛泽东思想关于社会主义的学说与中国的现实结合即马克思主义中国化创立的特色理论。特色理论和实践催生形成了马克思主义哲学中国化的实践论，它是现实逻辑的必然。

5000 年文明长盛不衰的中华民族，近 100 多年来，中国仁人志士不断抗争，寻求救国方略，中国向何方？中国共产党成立并将马列主义和中国实际相结合，建立了中华人民共和国。中华文化至今根深叶茂，它植根本土而且开放包容，也是"多元融合"的结果。在中国的历史长河中，儒家和道家影响力一直比较大，儒家尊"圣人"，道家讲"真人"。印度佛教的传入，经过磨合碰撞，没有发生像西方持续千年之久的宗教战争，而是佛教逐步适应和融入了中国文化，同时也丰富了中国文化。中国形成了儒、释、道兼容并蓄、融合互补的伟大传统。"当代中国的伟大社会变革，不是简单延续我国历史文化的母版，不是简单套用马克思主义经典作家设想的模板，不是其他国家社会主义实践的再版，也不是国外现代化发展的翻版，不可能找到现成的教科书。"① 中国人民自己走出了一条新路，也形成了自己的理论，从而创造了自己的哲学，就是中国马克思主义哲学的特色论。这是历史发展的必然性逻辑与现实逻辑融合发展的必然。

认识论、实践论和特色论是马克思主义哲学现代发展的思想脉络，它将随着时代的发展更加枝繁叶茂。

---

① 习近平：《习近平谈治国理政》第 2 卷，外文出版社 2017 年，第 344 页。

第六章

世界哲学主题的演变及其现代发展

哲学的发展在不同的时代以及同一时代的不同国家都有着不同的主题，哲学主题的演变是哲学发展的重要方面。哲学主题的演变发展，主要是哲学研究及其实践的主要对象的变化，同时意味着哲学的内容、体系结构、功能动力及其思维方式都在发生变化。恩格斯指出："每一时代的理论思维，从而我们时代的理论思维，都是一种历史的产物，它在不同的时代具有完全不同的形式，同时具有完全不同的内容。"[①]

探讨世界哲学主题的演变，对于我们了解哲学发展的全貌，廓清哲学发展的脉络，探寻哲学发展的逻辑，更准确地理解和掌握马克思主义哲学，无疑具有重要意义。

哲学主题本身是一个相对范畴，它是相对其背景而凸显出来的。通观西方哲学发展史，从古至今，分为古代、近代和现代3个时期，相应的最大主题分别是存在论、认识论和实践论。马克思主义哲学发展至今，其哲学主题的演变可分为3个时期：马克思、恩格斯为代表的时期，列宁、毛泽东为代表的时期，邓小平理论、"三个代表"重要思想、科学发展观和习近平新时代中国特色社会主义思想为代表的时期。

---

① 中共中央马克思恩格斯列宁斯大林著作编译局：《马克思恩格斯选集》第3卷，人民出版社1995年，第465页。

这3个时期突出4个不同的哲学主题：存在论、认识论、马克思主义哲学中国化的实践论和中国马克思主义哲学的特色论。

一、西方哲学主题的演变

（一）古代西方哲学的存在论

古代西方哲学包括古希腊罗马时期和中世纪时期，以存在论作为其哲学主题。古希腊罗马时期对于存在的理解，又分为古希腊早期和后期古希腊罗马时期两个阶段。

古希腊早期指前苏格拉底时期，把水、火、土、气等具体直观的个别物质形态当成自然世界的始基。在这个时期，泰勒的"水"到毕达哥拉斯的"数"、德谟克里特的"原子"，对世界始基的揭示越来越抽象，并开始了对存在的探索，对存在问题的探索所形成的理论就是本体论。

后期古希腊罗马哲学除继承了早期哲学对存在等问题的探讨外，思维水平也有了发展，开始了反思的思维方式，出现了外在世界和观念世界的分别。苏格拉底对哲学的反思，意识到这是人的一种活动，反思思维带来了哲学问题的展开。围绕哲学存在论的展开形成了柏拉图与亚里士多德两种不同的观点。亚里士多德之后，哲学出现了相对贫困，主要围绕存在论这个中心慢慢地发展。

中世纪哲学由于受到宗教政治的制约，一直处于沉思状态，只能对存在论进行论证，不能展开争论，失去活力。

（二）近代西方的认识论

古代西方哲学对存在的探讨、纷争和反思引出了一系列的认识问题。

近代认识论哲学的第一阶段，以培根为代表的英国哲学家强调了感觉的可靠性，认为感觉经验是一切知识的源泉，形成了认识论上的唯物反映论或经验论。以笛卡尔、斯宾诺莎等为代表的哲学家则认为感觉并非可靠知识的来源，倒常常是错误认识的来源，只有理性的认识才是可靠的，这就是近代认识论中的唯理论。经验论和唯理论之争构成了近代早期认识论的格局，这也是认识论的初期形态。

近代认识论哲学的第二阶段，休谟、康德等的不可知论的认识论，消除了唯理论和经验论的对立，克服了旧认识论直观朴素的局限，把认识论引向深入；同时否定了旧哲学中自然存在论的意义，将传统存在论驱逐出哲学的中心地位，确立了认识论的中心地位。

（三）现代哲学的实践论

现代哲学产生于19世纪中期，主要指现代西方哲学和马克思主义哲学。

现代西方哲学，学派林立，主题纷呈，相互对立，但它们都演绎着现代的气息，有着更加深刻的哲学思维方式。现代西方哲学主要有科学主义和人本主义两股思潮，都以认识主体和认识客体的对立为基础，以理性思维为主要方法。以孔德为创始人的实证哲学用具体科学的实证方式代替了旧哲学的思辨方式，超越了旧哲学的主客对立，企图使哲学科学化。人本主义哲学则突出人的地位，强调按照非理性的方式构筑新的哲学大厦。这两类哲学都没有认识到实践的重要作用，没有以科学的实践观作为理论基础，因此不可能从根本上消除和超越传统哲学的主客对立。无论是科学主义哲学还是人本主义哲学都在不同方面逐步接近实践论哲学。西方马克思主义哲学的出现，说明实践观点已经成为现代西方各种哲学的共同主题。

马克思主义哲学的建立是以科学实践为基础和出发点的。马克思主义哲学把实践观点作为自己哲学首要和基本的观点，以科学合理的实践观作为新哲学的逻辑起点，以实践思维这种崭新的思维方式建构起新的哲学体系。马克思主义哲学认为客观世界是主体的对象，在实践中达到了主客体的统一。马克思主义哲学用科学实践观克服了现代西方各种哲学的局限。人的经验来自实践，是实践的产物。科学的来源、发展动力、发展模式、评价标准及发展前景皆出于人类的实践。实践基础上的科学哲学成了具有科学意义和哲学意义的实践论哲学。

马克思主义的实践论哲学与现代西方哲学产生于同一个时代，都属于现代哲学，但马克思主义哲学解决了现代西方哲学想解决而无法解决的哲学问题，并以实践解读了西方哲学的很多矛盾。

二、马克思主义哲学主题的演变及其现代发展

"不同时期的哲学主题的凸显主要由社会现实、当时马克思主义哲学的批判对象及马克思主义哲学发展的内在逻辑决定。""概观马克思主义哲学发展史，马克思主义哲学在实践论这一大的主题范围内的次级哲学主题是按这样的形式演化。"① 马克思主义哲学主题的演变形成"三个时期四个主题演变"的格局，即马克思、恩格斯时期的社会存在论，列宁、毛泽东时期的认识论，中国特色社会主义实践论和特色论。

（一）马克思、恩格斯时期的社会存在论

马克思、恩格斯的哲学思想非常丰富，著述颇丰。一方面，因为当时资本主义社会基本矛盾的激化，无产阶级与资产阶级之间的阶级斗争尖锐化、公开化，无产阶级已经作为独立的政治力量登上了历史舞台。无产阶级迫切需要革命的理论作指导，指明社会的本质及其发展规律，使无产阶级能够正确认识到自己的历史地位和任务。另一方面，是由哲

---

① 曹小荣：《实践哲学论》，浙江大学出版社 2006 年，第 158 页。

学发展的内在逻辑决定的，马克思、恩格斯批判地吸收了康德、黑格尔、费尔巴哈为代表的德国古典哲学，包括对社会现实的批判，创立了马克思主义哲学。因为以上原因，马克思、恩格斯把哲学视角聚集在社会历史领域，探讨了国家、政治、法、宗教、市民社会、私有财产、人、人类解放等问题，对此前哲学不能说明的社会历史领域问题作出客观的、科学的、历史的分析，这又是当时社会现实迫切需要给予回答的问题，从而创立了以社会历史存在论为基础的哲学大厦——唯物史观。

（二）列宁、毛泽东时期的认识论

在列宁、毛泽东时期，马克思主义在应用中得到传承和发展，最突出的就是认识论的发展。

列宁写下了大量的著作，其中哲学专著主要有《唯物主义和经验批判主义》和《哲学笔记》两部。在《唯物主义和经验批判主义》中，列宁以认识论为中心，把唯物论、辩证法和实践观贯穿在认识论中，展开了对马赫主义认识论的批判，并阐述了认识论的许多观点，把马克思主义认识论提升到了一个新的高度。列宁在《哲学笔记》里认为，"辩证法也就是黑格尔与马克思主义的认识论"，"辩证法是人类全部认识所固有的"①。在列宁的著作中认识论一直居于中心地位。

列宁对认识论的重视是有多方面原因的，主要是当时形势的需要。从大的背景来看，当时各国无产阶级都初步接受了马克思主义，但缺乏辨别真假马克思主义的能力。恩格斯去世以后，留下了一段马克思主义理论权威的空白。如何利用认识论，提高识别真假马克思主义的能力，批判各种错误的认识论思潮。列宁挑起了这副担子，开创了以认识论为中心的马克思主义哲学，也开辟了以认识论为中心的马克思主义哲学的

---

① 中共中央马克思恩格斯列宁斯大林著作编译局：《列宁选集》第2卷，人民出版社1960年，第714、711页。

新时代。

　　毛泽东同志把马克思列宁主义与中国的革命实践相结合，发展了马克思主义哲学。毛泽东同志写有大量的著作，主要的哲学著作《实践论》和《矛盾论》以及《毛泽东哲学批注集》，体现了毛泽东同志对马克思主义哲学的贡献。《实践论》比较系统地发展了马克思主义哲学的认识论，认为实践是认识的来源、发展动力、检验标准和目的；认为"理性认识依赖于感性认识，感性认识有待于发展到理性认识"；将认识发展过程概括为"实践、认识、再实践、再认识，这种形式，循环往复以至无穷，而实践和认识之每一循环的内容，都比较地进到了高一级的程度"①。

　　由于中西方社会和文化的差异，马克思、恩格斯、列宁的理论观点无法直接运用到中国的革命实践中，另外党内主观主义和教条主义思想盛行。为了发展党的事业，毛泽东同志运用辩证唯物主义的认识论作为武器，批判当时党内存在的主观主义和教条主义，并作为制定党在新民主主义阶段的路线、方针和政策的依据，取得了新民主主义革命的胜利。毛泽东同志在理论上和实践上丰富和发展了马克思主义哲学的认识论。

　　列宁和毛泽东虽然生活在不同时代，但从社会主义革命历史阶段看，他俩是同时代的人，二人都为本国的新政权的创立和巩固作出了杰出的贡献，都丰富和发展了马克思主义哲学，尤其是认识论。列宁和毛泽东时期哲学发展的主题是马克思主义哲学的认识论。

---

　　①　毛泽东：《毛泽东选集》第 1 卷，人民出版社 1969 年，第 291、296-297 页。

（三）马克思主义哲学中国化的实践论

马克思主义哲学创立之时，实践观就成为马克思主义哲学体系的有机组成部分，由于当时的主要任务是创立唯物史观，实践观主要应用于社会历史研究当中。列宁和毛泽东时期，实践观有了丰富和发展，但实践观主要还是为认识论服务，属于认识论的一个重要方面。

邓小平理论的创立，开辟了社会主义的新时代，也带来了马克思主义哲学的发展。实践论成了马克思主义哲学中国化最突出的主题，具有历史的必然性。首先，经济建设中心地位的确立，使实践论主题的凸显既具有可能性又具有必要性。经济中心的确立恢复了哲学的全部功能，可以解放思想，坚持和发展马克思主义哲学。邓小平同志改变传统的哲学理念，强调实践，突出实践，按照三个"有利于"标准来判断社会实践的成败。江泽民的"三个代表"思想来自对共产党执政实践的总结，也是对共产党执政的要求，更是判断共产党执政与否的标准。科学发展观是在社会主义现代建设实践中形成的，并是用于指导中国实践的新的发展观。习近平新时代中国特色社会主义思想突出一个"新"字，把中国特色社会主义实践推向新的时代，提出了更崇高的目标、更伟大的任务。实践论在中国马克思主义哲学中具有突出的地位。其次，实践论主题的凸显是对非马克思主义哲学的批判。现代西方哲学学派林立，令人眼花缭乱，而且国际上很多人认为社会主义已经终结了，没有什么发展前途。20世纪80年代末和20世纪90年代初，苏联解体、东欧剧变，世界社会主义遭受严重挫折。"社会主义失败论""历史终结论"一度甚嚣尘上，"中国崩溃论"在西方也不绝于耳。中国社会主义实践的伟大成功恰是最好的证明，给西方反马克思主义哲学的学派以有力的回击。同时，马克思主义实践论呈现出极强的生机和活力，回答和解决了社会主义建设时期巩固和发展社会主义制度和事业迫切需要的哲学方法论，这也是马克思主义哲学内在逻辑发展的必然结果。中国特色社会主义的伟大实践创立了马克思主义哲学中国化的实践论。

（四）中国马克思主义哲学的特色论

中国特色社会主义伟大事业创立了实践论的同时，还催生和创立了中国马克思主义哲学的特色论。

列宁在谈到向社会主义转变时指出："一切民族都将走向社会主义，这是不可避免的，但是一切民族的走法却不会完全一样，在民主的这种或那种形式上，在无产阶级专政的这种或那种形态上，在社会生活各方面的社会主义改造的速度上，每个民族都会有自己的特点。"① 这从历史唯物主义的高度揭示了各个国家、各个民族社会主义建设和发展道路的多样性。中国是一个文明从来没有中断过的古老民族，走自己的路，改革开放，建设中国特色社会主义，特色论就是在这样的背景下产生的。改革开放 40 多年以来，我们党一直把"特色"两字写在自己的旗帜上，邓小平理论、"三个代表"重要思想、科学发展观和习近平新时代中国特色社会主义思想都把"特色观"作为观察问题和解决问题的一个重要思想方式。马克思指出："人们自己创造自己的历史，但是他们并不是随心所欲地创造，并不是在他们自己选定的条件下创造，而是在直接碰到的、既定的、从过去承继下来的条件下创造。"② 各个民族的历史文化传统，是其进行活动和创造的既定前提和基础，社会主义必须根植于本国的土壤之中，才会成功。

中国特色的改革开放，坚持的是社会主义道路，用自己优秀的特色

---

① 中共中央马克思恩格斯列宁斯大林著作编译局：《列宁专题文集》，人民出版社 2009 年，第 398 页。

② 中共中央马克思恩格斯列宁斯大林著作编译局：《马克思恩格斯文集》第 2 卷，人民出版社 2009 年，第 470—471 页。

文化拥抱马克思主义，引进外国先进的科学技术，中国迅速崛起，取得了惊人的成绩，40 多年时间走完西方先进国家两三百年走过的历程，这从实践和理论上是对"历史终结论""社会主义失败论""中国崩溃论"的有力批判。中国特色社会主义，因为几千年优秀文化的特色思维与马克思主义的认识论和实践论的碰撞、互动和融合而催生创立了中国马克思主义哲学的特色论，这是历史逻辑的必然、现实的需要，是对马克思主义哲学的发展。

三、关于哲学主题演变问题的思考与启示

探讨了哲学主题尤其是马克思主义哲学主题的演变脉络及其依据以后，有必要就几个问题做出说明，以供进一步思考或给予启示。

一是实践论是当今哲学的主题。现代西方以及其他国家的哲学大多在探讨、研究与实践相关的或类似实践的问题。实践论在马克思主义哲学体系中的主题明显，虽然具体探讨、研究和实践的内容不尽相同，但也说明它们殊途同归，说明实践论已成为当今世界哲学的最突出的主题。

二是不同哲学发展逻辑的一致性。世界哲学主题的演变发展，经历了从古代的存在论到近代的认识论再到现代的实践论。马克思主义哲学主题的演变发展经历了从存在论到认识论再到实践论，进而催生和创立了特色论。它们演变发展的脉络和路径基本上是相同的，虽然相互对应的主题探讨、研究和实践的内容有一定差异，但不会改变或影响其主题演变发展的基本方向。可以肯定，世界哲学与马克思主义哲学的发展逻辑是一致的。

三是哲学主题的区别和相互联系。哲学的主题是相对于其一定的历史阶段的背景而凸显出来的，并进行全面系统深入的研究和实践，进而

探讨相适应的理论思维，从而产生以哲学主题为核心的整套哲学内容、功能、动力、体系结构及其与其他学科的关系的变化。各哲学主题的不同，相应的哲学研究和实践内容不同，从而产生不同的社会效应、不同的社会效果。这便是哲学主题的区别性。

　　哲学主题又是相互联系的。各历史阶段的哲学特定主题不同，但特定阶段的哲学主题也都相应渗透其他的主题思想。"世界上没有孤立存在的事物，每一种事物都是和其他事物联系着而存在的，这是一切事物的客观本性。"[①] 按照哲学主题演变发展的脉络和路径方向来看，早期的主题是为后期的主题作基础、作铺垫，后期的主题是早期的主题发展的结果，并且丰富了早期的主题。哲学主题演变发展的脉络和路径是随着社会的进步和科学的发展而不断发展的，因而主题发展是相互联系、相互影响的。存在论阶段，有认识、实践和特色观点的论述。特色论阶段，也有存在、认识和实践观点的论述。

　　四是哲学主题与唯物主义的关系。哲学主题的演变与辩证唯物主义和历史唯物主义没有矛盾。哲学主题是各个特定历史阶段哲学研究的凸显，它必须以辩证唯物主义和历史唯物主义作为指导，作为基础，作为方法论，是特定历史阶段社会生产、社会进步和科学技术发展的产物。哲学主题研究成果又将丰富和发展辩证唯物主义和历史唯物主义。哲学主题的演变发展与唯物主义是相辅相成、相互联系、共同发展的关系。

　　五是实践论为何成为马克思主义哲学中国化的主题。关于实践问题，古今中外的政治家、理论家和哲学家，特别是马克思、恩格斯、列宁和毛泽东等马克思主义经典作家都作了大量的有深度的理论论述，并

[①] 教育部社会科学研究与思想政治工作司：《马克思主义哲学原理》本科本，高等教育出版社2004年，第57页。

且进行了许多有意义的有创造性的社会实践。然而关于实践的理论论述是为存在论和认识论主题的论证、说明或修饰的，还有是为其理论体系的需要作了相应论述的。

中国共产党成立 100 多年来，以马列主义作为指导，组织和领导中国人民进行社会实践，取得了革命的胜利，并进行了社会主义建设实践的探索。邓小平同志作为党的第二代领导核心，提出了建设中国特色社会主义。把社会主义建设纳入"实践"系统组织全方位实施，全力突破，真正地彻底地贯彻哲学"改变世界"的任务。用 40 多年的时间，让一个人口众多、经济落后的国家迅速崛起，创造了多个世界第一。社会实践规模最大，实践理论丰富，在社会主义运动史上绝无仅有，在人类历史上也是史无前例的，为无产阶级事业提供指引，为人类社会发展提供中国智慧。

六是为什么中国在同一时期产生实践论和特色论。中国特色社会主义走的是有特色的社会主义道路。特色和社会主义是一个过程的两个方面，两者不同，又相互联系。从某种意义上说，特色属于意识范畴，社会主义属于实践范畴。实践是特色的基础和归宿，特色是实践的丰富和发展。实践论和特色论既相互区别又相互联系。

在同一历史阶段，凸显两个哲学主题也属正常，这主要看所产生的哲学主题的意义、背景、深度、内容、结构、作用等。马克思和恩格斯创立的马克思主义思想宝库为人类历史创造了思想、哲学、理论、思维方式和实践主题等各个领域和方面的知识体系和理论体系，这是人类之大幸。实践论是在马克思主义哲学和社会主义学说的指导下，在中国特色社会主义舞台上实践而形成的，所以称马克思主义哲学中国化的实践论。"马克思主义哲学中国化是中国的马克思主义者对马克思主义哲学的理解与运用。"① 而特色论，马克思主义经典作家对特色有关问题的论述很少，属于中国土生土长、自己的东西，它作为主角积极吸取马克思主义的营养，并在社会主义的舞台上演化前行，所以称中国马克思主义哲学的特色论。

---

① 安启念：《马克思主义哲学中国化研究》，中国人民大学出版社 2006 年，导论第 1 页、前言第 5 页。

第七章

中国特色社会主义的时代意义

中国特色社会主义产生于中国，在中国的实践取得了世人公认的伟大成就。中国特色社会主义必将为世界的优化和时代的发展贡献自己的智慧和方案。

一、中国特色社会主义是时代发展的必然

（一）中国特色社会主义顺应时代发展的需要

历史的发展，往往是被伟大的历史事件推动的。伟大的历史事件，必定会有伟大的影响。

从目前世界情况看，世界依然是社会主义和资本主义两种制度并存，发达与不发达两种状态并存。这两种并存，既相互冲突又相互依存，这是世界历史辩证运动的生动体现。资本主义要发展，社会主义要发展，发达国家要发展，不发达国家更要发展，发展成为时代的趋势。在发展的大潮中，各个国家和人民强烈要求发展本国的经济，追求社会的进步、人民生活幸福，进行创优的社会实践，发展自己的特色，中国特色社会主义应运而生，为世界和时代所必需。

中国特色社会主义实践取得的成就是同世界各国的人民争取文明和进步及其支持分不开的，其成就必将得到各国兄弟阶级的向往、兴趣和

自信。"历史从哪里开始，思想进程也应当从哪里开始，而思想进程的进一步发展不过是历史过程在抽象的、理论上前后一贯的形式上的反映。"① 中国特色社会主义的中国实践顺应时代发展需要而产生，实践经验创造了时代和社会需要的中国特色。中国特色社会主义展示了社会和时代的开拓性，世界发展处于迷茫之中，社会主义发展处于低潮之时，中国社会主义经济社会处于困难之际，没有可循的社会发展范本，为了生存，为了发展，穷则思变，中国毅然决然地开始了史无前例的特色社会主义实践，并取得了圆满成功。中国特色社会主义展示了社会和时代的发展性，中国社会主义处于社会主义的初级阶段，中国特色社会主义是循着社会主义从低级向高级发展这条不以人民意志为转移的规律坚定不移地往前走而达到预期目的的。中国特色社会主义体现了社会和时代的进步性，中国特色社会主义近期把发展生产力和实现现代化作为主要任务，体现了中华民族和整个人类发展的要求，开创了人类文明进步的新时代。中国特色社会主义体现了社会和时代的人民性，中国特色社会主义的全部实践、制定的政策，一切都是为了发展生产力，为了人民的幸福生活，因而得到人民的衷心拥护和支持，也才能取得成功。

中国特色社会主义是人类必然要走的康庄大道。要不要进行社会主义实践，怎样进行中国特色社会主义实践，取决于国家掌权者及其政党，也取决于国内人民的觉悟和热情程度。

（二）中国特色社会主义为时代发展提供理论

历史发展的关键时刻，呼唤伟大的理论。伟大的理论，为时代发展提供指引。发展的时代大潮急切地需要并呼唤一种新的具有导向性的理论，用以引导人们实现这些愿望。

---

① 中共中央马克思恩格斯列宁斯大林著作编译局：《马克思恩格斯文集》第 2 卷，人民出版社 2009 年，第 603 页。

中国特色社会主义理论是人们追求最优实践、最优发展的理论，也正是各国人民呼唤和需要的理论。

中国特色社会主义理论就是把马克思主义的普遍真理和各国具体实践相结合。"结合"是中国特色社会主义理论的源泉。"结合"产生"特色"。"特色"就是马克思主义普遍真理同各国具体实践相结合而产生的各种特点、优点和特征，不一定与外国不同或本国独有，"结合"得好就有特色，"结合"不好就谈不上特色。恩格斯指出："一切划时代的体系真正内容都是由于产生这些体系的那个时代的需要而形成起来的。"① 中国特色社会主义理论是时代的产物、现实的需要。

中国特色社会主义就是"走自己的路"，坚持社会主义方向，从本国实际出发，遵循社会和时代的逻辑必然性，确立自己的历史方位；从思想破题，统一思想；先行先试后推广再全面展开，先急先易后难，先农村后城市再机关，先农业后工业再政治；先沿港后沿边再内陆不断推进。在实践的基础上总结形成经验，上升为理论再指导实践，"实践、理论、再实践、再理论"创造了中国特色社会主义实践的伟大成就。回答和解决了社会主义制度和建设及其社会发展的一些重大历史课题，依照实践的不断深入，形成了邓小平理论、"三个代表"重要思想、科学发展观和习近平新时代中国特色社会主义思想。它是马克思主义在社会主义、在新时代的发展，是 21 世纪的马克思主义，不仅仅是社会主义优化发展的理论，也是为了和平和发展的各国政府、政党和人民优化发展的理论。

（三）中国特色社会主义理论为时代优化发展提供方法论

马克思主义创立至今，经过三次飞跃。马克思主义的创立使空想社

---

① 中共中央马克思恩格斯列宁斯大林著作编译局：《马克思恩格斯全集》第 3 卷，人民出版社 1960 年，第 544 页。

会主义成为科学社会主义，哲学主题是社会存在论，形成辩证唯物主义和历史唯物主义；列宁和毛泽东坚持、继承和发展马克思主义，使马克思主义从科学变为现实，形成列宁主义、毛泽东思想，哲学主题是认识论；中国特色社会主义与马克思主义创始人和继承人所处的时代不同，已经是国家的执政者，在社会主义建设探索的基础上进行特色社会主义实践，社会主义制度不断优化发展，形成特色理论，哲学主题是实践论和特色论。

马克思主义创始人和继承人面临的主要任务是如何推翻资本主义及其反动统治，哲学必然是以唯物、否定为中心的世界观和方法论。中国特色社会主义的共产党人掌握了自己的命运，可以通过政权直接为人民服务，哲学必须是以实践及其优化、肯定与特色为中心的世界观和方法论。实践论和特色论产生于中华民族，正如马克思主义哲学产生于德国、列宁主义哲学产生于苏联一样，是一切爱好和平、爱好自由的国家和人民的共同财富，是时代优化发展的方法论，人们工作和生活的良师益友。

马克思主义哲学从唯物的角度出发，以否定为根本点，按照事物及其运动的一般规律，创立对立统一、质量互变和否定之否定的否定发展规律。特色论哲学从唯物的角度出发，以肯定为根本点，按照事物及其运动的一般规律，创立最佳矛盾统一体、优化肯定和肯定之肯定的肯定发展规律。这样就完整阐述了事物及其运动的全过程。对于否定和肯定的认定，是有关立场问题。否定到肯定的转变，真正贯彻了马克思的问题在于"改变世界"，进而"优化世界"，这也说明事物在变化，社会在进步，时代在发展。

二、中国特色社会主义将推动社会主义运动进入新阶段

社会主义作为新的社会制度富有强大生命力。然而制度刚建立，本身还不完善，也不可能一帆风顺。一些国家的社会主义制度发生演变、遭受挫折，同时中国特色社会主义在世界范围内展开。在这个历史的转折点上，中国特色社会主义必将推动社会主义运动进入新阶段。

（一）中国特色社会主义展示了社会主义广阔前景

事物的发展是波浪式前进和螺旋式上升的，道路是曲折的。社会形态的更替更是复杂、艰巨和曲折的，封建社会取代奴隶社会，资本主义社会取代封建社会，无不经历了血与火的较量。社会主义代替资本主义是历史的必然规律，也一定会有激烈的斗争和艰难曲折。

科学社会主义应该而且必须是以现实作为基础的。现实基础是具体的、客观的、发展的。社会主义的本质特征，也是从具体国家中抽象出来的最基本、最本质的理论概括，而具体到每个国家的社会主义建设，只有通过符合该国国情的具体形式去实现，否则会导致社会主义建设受挫。社会主义发展受挫的主要原因是各国照搬"苏联模式"，而又不能加以正确地改变。"苏联模式"是对社会主义理解的偏差，工作缺乏创造性，导致机械唯物主义的产生。比较有代表性的错误观点有，认为阶级斗争是社会主义社会发展的动力，"公"就是社会主义，排斥商品生产，推行平均主义，向共产主义冒进。把马克思、恩格斯关于社会主义的预测作为社会主义的定义，在社会主义建设的各个方面到处套用，终将遭受失败。

中国特色社会主义坚持马克思关于社会主义的基本原理结合自己的国情，纠正了对社会主义实质理解的偏差，把社会主义建立在现实的基础上，这就为社会主义的发展展示了美好广阔的前景。

中国特色社会主义建设，国情是出发点和归宿。社会主义国家多建立在经济落后的基础上，生产力发展水平低，必须按照适合生产力性质的要求，改变生产关系。

（二）中国特色社会主义将推动社会主义运动进入新阶段

社会主义发展是在反复地斗争和不断地优化过程中进行的，社会主义革命、社会主义建设和社会主义运动都遵循着这一规律行进着。

社会主义国家出现以来，资本主义反动势力把它看成对资本主义制度的严重挑战和威胁，采取各种手段进行压制、打击、破坏、威胁、颠覆、孤立、封锁、制裁、侵略、进攻等。资本主义反动势力对社会主义国家武力颠覆不了，转而以"和平演变"方式为主。

20世纪70年代后，社会主义国家推行的"苏联模式"弊端越来越凸显，普遍遇到很大困难，因此纷纷着手进行改革。西方资本主义国家乘社会主义国家出现困难和改革之机，全面推行"和平演变"战略。世界局势的缓和，在一定程度上使人们在主观印象方面造成两大社会制度和意识形态和睦共处的假象，恰恰给资本主义国家的"和平演变"有机可乘。更重要的是社会主义国家内部的各种问题，成为"和平演变"的内在因素。苏联解体和东欧剧变，是这些内外因素综合作用的结果。列宁指出："设想世界历史会一帆风顺、按部就班地向前发展，不会有时出现大幅度的跃退，那是不辩证的，不科学的，在理论上是不正确的。"① 历史进程是这样，社会主义的历史进程更是这样。我们要认识到，一定的曲折是不可避免的，但又要尽可能避免曲折，总结经验教训，努力战胜和走出挫折，使社会主义不断向前发展。

社会主义制度还不够完善和成熟，资本主义占据着经济和科技方面

---

① 中共中央马克思恩格斯列宁斯大林著作编译局：《列宁专题文集》，人民出版社2009年，第263页。

的优势，"和平演变"与"反和平演变"的对立和斗争，将是长期、艰巨、曲折的历史过程。问题的关键在于社会主义自身的成熟和发展。

社会主义的成熟和发展，只能是特色理论指导下的社会主义特色化，它是反"和平演变"的最根本最有力的措施，也必将促进社会主义运动进入新阶段。

社会主义长期面临两大社会问题的困扰。一是历史的制约。社会主义是脱胎于经济相对落后的国家，作为超越资本主义的"卡夫丁峡谷"建立起来的制度，怎样在社会主义条件下，实现资本主义国家已经完成的工业化和生产的社会化、商品化、现代化，是社会主义国家当前面临的严峻挑战，它关系到两种制度斗争的胜负和社会主义的前途与命运。二是社会主义是人类最崭新的社会制度，可能会造成自身的失误和挫折，这也是社会主义面临的挑战。

中国特色社会主义突破了历史强加给社会主义的种种限制，充分发挥其内在潜力和优越性，根据生产力发展需要，通过改革，改变不适应的旧体制，创建了适应的新体制，使体制在协调生产力、生产关系、上层建筑之间的关系中，充分发挥中介作用。经过40多年的中国特色社会主义实践，中国已经是世界第二大经济体，进入了中等收入国家行列，消除了绝对贫困。

领导中国特色社会主义的中国共产党要依照自己的初心、担当的使命及其复杂的国内国际环境，作为执政党，要把自我革命、自我优化和自我提升作为重中之重，反腐永远在路上，作风建设永远在路上，永葆党的先进性纯洁性，确保党不变质、不变色、不变味，使全党成为反"和平演变"的钢铁长城，始终成为社会主义建设坚强有力的、无可撼动的领导核心。

社会主义的优化发展，是共产党人的自我革命、自我优化，不断创造社会主义特色，社会主义将更加成熟、更加稳定，迈向更高水平，有效抵制"和平演变"图谋，社会主义队伍不断壮大，把社会主义推向新阶段。

（三）中国特色社会主义证明社会主义必然取代资本主义

马克思主义一诞生，就科学地指出社会主义必然取代资本主义。

资本主义几百年的发展，积累了巨大的生产力、高度发达的科学技术和军事实力，以及丰富的统治经验。国内外新旧矛盾交织发展，危机不断，资本主义采取了调节国家的生产关系的方法，相对缓和阶级矛盾，人民生活水平有一定提高，也淡化了工人阶级的革命意识。社会主义国家的挫折与困难，也使资本主义国家的工人阶级产生困惑。为此，社会主义代替资本主义的进程只能是渐进的量变过程，然而，资本主义固有的各种矛盾依然存在并不断发展，资本主义的生产关系不可能从根本上得到调整。工人阶级经济状况的改善只是暂时的，只是资产阶级为了自身的根本利益的权宜之计，经过一段时间，量变必然引起质变，这是不容置疑的。

社会主义制度虽有较大发展但还很年幼，与资本主义300多年的发展积累的巨大生产力、高度发达的科学技术和丰富的统治经验相比，差距很大，处于劣势。这样，社会主义国家在较长的时间内还会存在资产阶级自由化、机会主义、改良主义的干扰，外部资本主义及其反动势力的威胁、武装干涉或战争都可能发生。社会主义代替资本主义的进程也会是复杂曲折反复的长时间过程。

社会主义代替资本主义，它的革命、建设和发展的一般原则是通过各种不同的途径实现的，表现为各不相同的形式。社会主义制度在历史特点不同的国家，其实现形式和发展模式不同，具有自己的特色。社会主义的不同实现形式，达到否定资本主义，实现人民民主专政、人民当家作主、物质文明和精神文明高度发展、消除贫困、消除两极分化的目的，这就是中国特色社会主义。

三、中国特色社会主义必将促进世界格局的优化发展

和平与发展依然是当今世界的主题。从某种意义上说，是社会主义和资本主义竞争的结果。这种竞争，还将影响未来的世界格局。中国特色社会主义的发展，世界格局将进一步优化。

（一）中国特色社会主义有利于世界和平与发展的大趋势

世界纷繁复杂，然而，世界总是有规律地向前发展。

第二次世界大战后，一直是以两个超级大国的激烈对抗和争夺为特征的两极世界。1989 年下半年，因为世界政治经济发展的变化，两极格局趋于解体。

以往格局的新旧交替，都是一场大战后，由几个战胜的主要大国通过有关的国际会议，进行讨价还价，划分势力范围，重新描绘政治版图，确定其新的格局和秩序。而这次格局的解体是在和平的条件下，一直延续到现在，格局还在延续。

新旧格局的和平交替存在具有较长的过渡时期，某些地区会有局部的战争和冲突，但发展问题势必更加突出。发展，发达国家要发展，发展中国家更要发展。战后经济科技的大发展把人类文明提高到一个崭新的阶段。和平与发展是全世界人民的共同理想和奋斗目标。没有和平，自然谈不上发展；没有发展，和平也很难保持。

世界的和平与发展，国际形势暂趋缓和，经济和科技成为国际关系的重点。为加速经济和科技的发展，各国都在进行不同性质的体制改革，积极调整经济政策和经济结构。与此同时，国际关系进行大规模的分化重组，国际贸易和国际投资呈现出前所未有的兴旺景象。跨国公司

的兴起标志着世界市场的建立，各国经济的繁荣在很大程度上取决于参与世界经济体系的水平。

当前，世界相互依存，但国家间的竞争和对立依然存在，有时还很激烈。当今世界主要存在资本主义社会里的无产阶级和资产阶级的矛盾，资本主义和社会主义的矛盾，资本主义国家间的矛盾，第三世界国家与发达资本主义国家间的矛盾。这些矛盾中，主要矛盾是资本主义与社会主义的矛盾。

中国特色社会主义在中国实践的成功，增加了社会主义和第三世界的经济科技实力，也相对缩小了与西方发达资本主义经济科技实力的差距，有利于多极化世界格局的维持。

中国特色社会主义经济科技实力增强，参加国际组织和事务多了，并且是联合国安理会常任理事国，对一些国际事务有了较多的话语权，并能够在国际事务活动中提出正义公道的主张。为此，不断改变社会主义和第三世界不被重视的情况，同样有利于多极化世界的维持和发展。中国特色社会主义的发展，有利于促进世界继续和平与发展的大趋势。

（二）中国特色社会主义必将促进世界格局的优化发展

世界格局的优化发展，世界和平稳定，社会进步共荣，国与国共处，人与人平等，人类大同和谐，这是世界各国人民的共同理想并为之奋斗的共同目标。目标应该而且一定会实现，目标因为奋斗而实现。中国特色社会主义伟大实践的不断深入，将大大促进世界格局的优化发展。

中国特色社会主义理论，形成了一整套的思维、方法、理念、价值观、行为、人文等思想体系，已经家喻户晓，深入人心。它必将会全方位多层次地影响世界，影响全世界的人民。中国特色社会主义的深度、广度、力度、厚度、强度，都是人类历史上从未见到过的。中国在全世界的影响力大大增强，正好印证了福山教授的"历史的终结论"走到"历史终结论"的终结。

中国特色社会主义的进一步发展，经济全球化和社会信息化将极大解放和发展生产力，和平、发展、进步的阳光必将穿透战争、贫穷、落后的阴霾，新兴市场国家和发展中国家的崛起已成为不可阻挡的历史潮流，世界格局必将迈向加快优化、演变、发展的历史进程。

（三）"人类命运共同体"思想必将对世界格局优化发展产生日益广泛而深远的影响。

习近平总书记提出的"构建人类命运共同体"重要思想，是着眼于人类发展和世界前途提出的中国理念、中国方案。"人类命运共同体"的核心内容为，要建立平等相待、互商互谅的伙伴关系；要营造公道正义、共建共享的安全格局；要谋求开放创新、包容互惠的发展前景；要促进和而不同、兼收并蓄的文明交流；要构建尊崇自然、绿色发展的生态体系。"人类命运共同体"思想受到国际社会的高度评价和热烈响应，已被多次写入联合国文件，产生日益广泛而深远的国际影响。习近平同志又提出"一带一路"倡议，紧紧抓住发展这个最大公约数，致力于推动经济朝着更加开放、包容、普惠、平衡、共赢的方向发展，不仅要造福于中国人民，更要造福于世界各国人民。倡议备受国际社会关注，从倡议走向实践、从愿景变为行动，合作伙伴越来越多，成果超出预期。"一带一路"倡议也就是践行"人类命运共同体"的共赢共享发展和伙伴关系理念的具体行动。

中国继承和弘扬联合国宪章的宗旨和原则，构建以合作共赢为核心的新型国际关系，打造"人类命运共同体"，始终做世界和平的建设者，坚持走和平发展道路；始终做全球发展的贡献者，坚持走共同发展道路；始终做国际秩序的维护者，坚持走合作发展道路。"人类命运共同体"思想将对世界格局的优化发展产生日益广泛而深远的影响。

四、中国特色社会主义必将引导人类向高度文明发展

高度文明是指高度物质文明和高度精神文明交融发展，为实现每个人的自由而全面发展。它是人类所向往所追求的境界和目标，也是中国特色社会主义不断优化发展的境界和目标，这就是人类的共产主义。"共产主义社会，将是物质财富极大丰富，人民精神境界极大提高，每个人自由而全面发展的社会。"①

（一）中国特色社会主义引导人类向高度物质文明和高度精神文明融合发展

社会主义作为崭新的社会形态，比历史上任何社会形态都具有更加强大的生命力、活力和无与伦比的优越性。从整体上看，没有人剥削人的现象，根本利益的一致决定了参与物质文明的生产是自觉者。中国特色社会主义不断改革不适应生产力发展的生产关系，促进了生产力发展，从而为实质性的社会化大生产程度的提高显示了其巨大的活力。另外，中国特色社会主义是大多数人参与物质文明生产活动，它是为绝大多数人谋福利的，可不断完善和推进社会主义公有制。全社会占有生产资料和共同组织生产，及共同分配产品，个人劳动与社会劳动、个人利益与社会利益达成了直接统一。"个体生存斗争停止了。于是，人在一定意义上才最终地脱离了动物界，从动物的生存条件进入真正人的生存条件。"②

中国特色社会主义的精神文明与资本主义的精神文明是根本不同

① 江泽民：《江泽民文选》第 3 卷，人民出版社 2006 年，第 293 页。
② 中共中央马克思恩格斯列宁斯大林著作编译局：《马克思恩格斯文集》第 3 卷，人民出版社 2009 年，第 564 页。

的。中国特色社会主义的精神文明是建立在生产资料公有制基础上的新型文明，实现了劳动人民根本利益的一致，实现了真正的民主和平等，它的核心是社会主义核心价值观和共产主义思想。为满足全体人民的精神文化需求，一是维护自身根本利益的整体需求，它是激励和凝聚全体人民建设社会主义共同理想的强大的精神力量。二是促进个人自由而全面发展的科学文化的需求。它是人们陶冶心灵和情操、开发潜能和素质的个体需求。为满足这两种需求，中国特色社会主义精神文明创造出了优秀的、丰富的、有特色的精神食粮。在中国特色社会主义发展中，一方面，专门从事精神生产的知识分子积极参加物质生产实践，与物质劳动者密切合作，创造出优秀的精神产品；另一方面，广大工人农民有了受教育权利和从事精神生产的条件，也创作了许多精神产品。所以，社会正朝着逐步消除物质劳动和精神劳动固定分工的方向发展，有着真善美的内在价值。这种精神文明是一种崇高的境界。

（二）中国特色社会主义引导每个人自由而全面地发展

实现人的自由而全面的发展，是马克思主义所追求的根本价值目标，是社会主义的基本任务，也是共产主义社会的根本特征。"代替那存在着阶级和阶级对立的资产阶级旧社会的，将是这样一个联合体，在那里，每个人的自由发展是一切人的自由发展的条件。"①

在共产主义社会，人的发展是自由而全面的发展，是建立在个体高度自由自觉基础上的全面发展。人的发展是全面的发展，不仅在体力和智力得到发展，各方面的才能和工作能力也得到发展，人的社会交往和精神境界也得到发展。每个人的发展，是指全体社会成员的发展，而不是只有一部分人的发展。这样，在人与人间形成了事实上的平等，整个

---

① 中共中央马克思恩格斯列宁斯大林著作编译局：《马克思恩格斯文集》第 2 卷，人民出版社 2009 年，第 53 页。

社会是和谐的，社会发展与个人发展实现了真正统一。

中国特色社会主义的发展，旧式社会分工的消除，代之以自觉的新式分工，人人可以接受较高的教育，人的"德智体美劳"全面发展，劳动就业充分。科学技术的广泛应用、普及和提高，人们创造力、主动性的提升，劳动生产率定将不断提高，从而促进了生产力的不断发展，维持社会生产所需的劳动时间也会不断缩短。从而人们只需从事较少时间的劳动，就能为社会创造出足够的物质财富。人们有了大量的自由时间，就可以学习各种知识，从事科学、艺术等活动，作自己感兴趣的事情，从而极大地提高了自身素质。而这种提高的素质又提升了劳动者能力和创造性，成为促进生产力进一步发展的强大动力。

随着中国特色社会主义的高度发展，人们会觉得劳动不再是单纯的谋生手段，而是成为"生活的第一需要"。劳动不再是单调枯燥和具有强迫性的活动，而是成为人们乐于从事的自我价值实现的活动，成为人生快乐的巨大源泉。这时，人类终将从支配他们生活和命运的异己力量中解放出来，开始自觉地创造属于自己的历史，实现从必然王国向自由王国的飞跃。

（三）中国特色社会主义为每个人的发展提供方法论

马克思与恩格斯共同创立的马克思主义，以辩证唯物主义和历史唯物主义为基础，形成以社会存在论为中心的哲学世界观和方法论，社会主义从空想变为科学。列宁和毛泽东坚持、继承和发展了马克思主义，把马克思主义从科学变为现实，人民成为社会的主人，创立列宁主义、毛泽东思想，形成以认识论为中心的哲学世界观和方法论。中国特色社会主义实践，以邓小平、江泽民、胡锦涛、习近平共同创立了特色理论，把马克思列宁主义、毛泽东思想推进到中国特色社会主义建设新阶段，作为执政党利用国家政权，为社会服务，为人民服务，形成以实践论和特色论为中心的哲学世界观和方法论。马克思主义哲学的实践论和特色论是继存在论和认识论之后必然发展的结果，同样是认识世界和改造世界的强大思想武器。

实践论和特色论侧重的是马克思主义的"改变世界"，直至"优化世界"。时代的人们若寻求最优的生存环境、最优的存在方式、最优的演化方向、最优的业绩，就离不开实践论，离不开特色论。国家、民族、集体、单位和个人每时每刻都在进行社会的实践及其创优，为了提升最好的自己和最好的别人，为了实现社会物质文明与精神文明的融合发展，为了人的自由全面发展，学习是提高自己的重要方法。而学习提升自身的捷径是学习马克思主义的哲学世界观和方法论。

学习马克思主义哲学方法论，人们的自由全面发展必将会更快实现，这也是中国特色社会主义对人类的一大贡献。

在人类的历史长河中，社会形态更替的规律不会改变，优化社会、优化世界的总趋势不可逆转。中国特色社会主义将以其高度的方向性、广度的适应性和深度的优质性深刻地影响和改变着我们的世界与我们的时代。

人类历史是人类创优的历史，人类历史是人类不断创造特色的历史。人生是人创优的一生，人生是人不断创造特色的一生。资本主义的转化，社会主义的优化，是历史的必然。人生向善、向优、向好，也是社会发展的必然。特色论必将引领中国社会主义迈向更特色的未来，引航人类历史巨轮乘风破浪在合理的航道上，教导人们自信自优自强。让特色的火种，一代一代传递下去，呼唤人们的优化、世界的优化，迎接中国的明天、光耀世界的未来，引领时代的发展。

第二篇

02

再学《矛盾论》：
关于矛盾的思悟

毛泽东继承、丰富和发展了马克思列宁主义科学理论，将唯物辩证法的发展观推到一个新的水平。毛泽东的《矛盾论》着重研究了对立统一这一发展的根本规律，确立了它在唯物辩证体系中所处的核心地位，并对这一根本规律的各个方面进行了系统深入的阐述。《矛盾论》等著作帮助了中国无产阶级和广大劳动人民从哲学高度认识了社会的发展规律和自己的历史使命，并带领和团结中国人民进行艰苦卓绝的斗争和努力，最终取得了社会主义革命和建设在中国的伟大胜利，是人们科学地认识世界和改造世界的强大思想武器。

　　随着时代的进步、科学的发展，人们所要解决的根本问题仍未改变，然而人类当今社会实践的内容明显不同于以往。发展问题，即现代化经济建设问题成为当今世界的主题和人类实践活动的中心。实践的变化和科学的发展，也为原来哲学的矛盾理论研究提出了新的课题，要求发展理论有新的飞跃。

一、一种宇宙观

唯心论和唯物论、形而上学和辩证法的对立和斗争，在中国、在欧洲、在世界、在古代就产生了。在一个很长的历史时间内，唯心论和形而上学的宇宙观在人们的思想中占据了统治地位，实际上是"一种宇宙观"。直到无产阶级运动的伟大的活动家马克思与恩格斯综合了人类认识史的积极成果，创立了辩证唯物论和历史唯物论这个伟大的理论。后来，列宁、斯大林和毛泽东又继承和发展了这个伟大的理论。这个理论已在人们的思想界引起了极大变化，现代很多人信仰唯物主义辩证法，很多国家和政党把它作为国家制定纲领、方针、政策的理论基础，作为哲学教育的教材。国际上也出现了许多专门研究唯物主义的机构和团体。当20世纪即将结束时，英国广播公司在全球范围内举行过一次"千年风云人物"的网上评选活动，结果马克思被评为"千年思想家"，得票高居榜首。历史总是义无反顾地向前发展，随着科学的发展、社会的进步，唯物主义宇宙观在同唯心主义宇宙观不断地较量、抗争和碰撞中发展壮大。特别是中国特色社会主义的40多年实践中，我们国家取得了令世界瞩目的"中国奇迹"，也形成了一整套巩固和发展社会主义制度的中国特色社会主义理论体系，催生并创立了马克思主义哲学中国化的实践论和中国马克思主义哲学的特色论。人们的思维方式和思想观念发生了深刻的变化，它将进一步促进马克思主义在全世界的传播和发展。随着马克思主义不断在世界上取得胜利，马克思主义的辩证唯物主义世界观和方法论必将占据全世界舆论的制高点，并处于主导地位，引领全世界的未来，就是"一种宇宙观"。当然，宇宙观的斗争将会继续存在，并且会维持很长的时间。

从世界范围看，自科学社会主义诞生以来，社会主义的发展曾出现过两次高潮和两次低潮。巴黎公社失败后，从 1872 年到 1904 年曾出现第一次社会主义低潮。苏联和中国等社会主义国家的建立是社会主义的第一次高潮。苏联解体、东欧剧变是社会主义出现的第二次低潮。中国共产党带领中国人民，高举社会主义的旗帜，走自己的路，改革开放，阻止了第二次社会主义运动低潮的继续低落，社会主义没有灭亡，也不会灭亡，社会主义继续大踏步前进，这是社会主义第二次高潮。

　　恩格斯指出："全部哲学，特别是近代哲学的重大的基本问题，是思维和存在的关系问题和常识问题。"① 思维和存在、主观和客观，哪一个是第一性？哪一个是第二性？针对这个问题的回答，是划分唯物主义和唯心主义的标准。凡是承认存在是本原，就是唯物主义，凡是承认思维是本原，就是唯心主义。按照马克思主义哲学的对立统一规律，存在和思维是一对矛盾或者对立统一关系，两者的对立不是绝对的、永恒的，而是以对方的存在为前提。存在是本原，在实践这个点上，两者相互作用、相互转化，存在同一性，主观才能认识客观，"是主观见之于客观的东西"②。客观→主观→客观、存在→思维→存在、唯物→唯心→唯物，存在是本原这是不容置疑的，思维是存在基础上的思维，与唯心主义的思维有着本质的不同，这必须讲清楚。

　　唯物主义的辩证法与形而上学对立的焦点是关于发展的理论，即物质世界是普遍联系和永恒发展的，事物内部矛盾是事物发展的根本原因，事物发展遵循质量互变和否定之否定规律，表现螺旋式上升的趋势。"事物内部的这种矛盾性是事物发展的根本原因，一事物和他事物

---

① 中共中央马克思恩格斯列宁斯大林著作编译局：《马克思恩格斯选集》第 4 卷，人民出版社 1995 年，第 223 页。
② 毛泽东：《毛泽东著作选读》上册，人民出版社 1986 年，第 228 页。

的互相联系和互相影响则是事物发展的第二位原因。"① 按照系统论的观点，由于系统内外的错综复杂与动态变动性，外因对于事物发展有时起决定性作用，如在标准气压下，温度的变化，液态水变成气态或固态。内外因可互易其位置，如内部自力更生，利用外来积极因素壮大自身，使外因转变为根据。事物与他事物，内外因也是一对矛盾，也是对立统一关系，在一定条件下可以相互融合或相互转化。

社会主义理论的发展是从空想到科学，从科学到现实，从单一模式到特色社会主义。马克思主义哲学从本体论到认识论，再到实践论，进而到了特色论阶段。哲学的重点从认识世界，到改变世界，再到优化世界。哲学思维从辩证观到系统观，再到特色观。哲学的空间观从客观到全面，再到立体观。哲学的时间观从历史到发展，再到特色观。马克思主义及其哲学的思想随着科学的发展和实践的深入而不断发展，越来越显示其强大的生命力和活力。

我们现在生活的时代与马克思主义创始人生活的时代有了很大的变化、很大的不同。社会主义革命和建设的发展，中国特色社会主义开阔了广阔的前景，社会主义理论也经历了空想、科学、现实、特色的辩证发展。科学从"三大发现"到相对论、量子科学、系统论、计算机、互联网的广泛应用。马克思主义哲学的世界观和方法论应该且必须与时俱进，不忘初心，不辱使命，引领世界哲学，引导全世界人民的精神革命，推进社会主义不断发展，它就是"球体哲学"。

一是从理论上看"球体哲学"形成的必然性。

按照唯物辩证法的对立统一规律，"对立和统一分别体现了矛盾的两种基本属性。矛盾的对立属性又称斗争性，矛盾的统一属性又称同一

---

① 毛泽东：《毛泽东选集》第 1 卷，人民出版社 1991 年，第 301 页。

性"，"矛盾的同一性和斗争性相结合，构成了事物的矛盾运动，推动了事物的变化发展"①。列宁在《谈谈辩证法问题》中说："人的认识不是直线（也就是说，不是沿着直线进行的），而是无限地近似于一串圆圈、近似于螺旋的曲线。"矛盾的斗争、对立是绝对的，在一定条件下会是同一的、统一的，这从形象上说就是形成一个圆圈。对立的统一规律、量变质变规律、否定之否定规律、螺旋式上升规律也近似一个圆圈。

我们的世界是一个多层次的世界。恩格斯在《自然辩证法》中写道："物质是按质量的相对大小分成一系列较大的、容易分清的组，使每一组的各个组成部分互相间在质量方面都具有确定的、有限的比值……可见的恒星系、太阳系，地球上的物体、分子和原子，最后是以态粒子，都各自形成的这样的一组。""关于碳氢化学物的同分异构现象，恩格斯在《自然辩证法》中写道：'同分异构体，它们在分子中包含有相等数目的 C，H，O 原子，但是在质上却各不相同。'所谓同分异构体，指的是分子的化学组成成分及原子数量相同而原子的空间排列不同因而其性质不同的化合物……从系统思想的角度来看，这里就已经涉及系统的结构和功能的关系问题。"②

2600 年前，中国的老子揭晓了宇宙和人生的奥秘，就是道。道是生命和自然间唯一的联络密码，太极图里能直观地感悟很多道中法则。道拆解为，道生一，一生二，二生三，三生万物。道与对立统一规律是吻合的。"太极图的常态是旋转。这是世界永恒的变化。旋转的动力，来源于道。旋转形成的状态，正是世人所热衷的真相。""宇宙间的一

---

① 本书编写组：《马克思主义基本原理概论》，北京：高等教育出版社 2018 年，第 37 页。
② 魏宏森、曾国屏：《系统论》，世界图书出版公司 2009 年，第 72—73 页。

切都在旋转，旋转的结果便是轮回。""万事万物都是圆的。无论说什么，都要照顾到原点和对面。"①

马克思主义创始人、继承人及现代科学先哲们都认为矛盾体也即事物及其运动都近似于圆圈，圆圈的旋转就形成球体。球体必然是立体的和有层次的。

二是从事物（矛盾体）及其运动的具体形象看"球体哲学"的模型。

自然界：无限大的宇宙、太空、银河系、太阳系的缩小是球体；恒星、行星、卫星、地球等星球近似球体，自转轨道近似圆圈；一年四季春夏秋冬及二十四节气的变化近似圆圈；无限小的细胞、分子、原子、电子、中子、质子、粒子放大后近似球体，其运动轨迹近似圆圈；动物、植物、生物从出生到死亡的行为轨迹近似圆圈。

人：卵子、胚胎近似球体；人的一生从生到死回归自然的运行轨迹近似圆圈。

社会：社会形态的更替呈螺旋式上升趋势近似圆圈；一个社会形态从产生到消亡的发展变化过程近似圆圈。

思维：对立统一规律、矛盾斗争又同一规律近似圆圈；认识和改造世界的规律，先唯物，再"唯心"，最后唯物，近似圆圈；事物发展的质量互变、否定之否定规律的螺旋式上升趋势近似圆圈；不断的螺旋式上升即圆圈的不断旋转形成近似球体。

现代科技互联网的广泛应用，正深刻地改变着人们的思维及其观念。道学的整体观、平衡观、辩证观直观体现在太极图里，同时也反映在互联网的各个方面，是人类的圆融思维。

———————————

① 仲昭川：《互联网哲学》，电子工业出版社 2015 年，第 29、98、113 页。

　　世界存在的万事万物也就是矛盾体，从自然界的宇宙天体到肉眼不可见的分子、原子和细胞都是近似球体，自然、社会和思维的运行轨迹都近似圆圈。圆圈的旋转就形成近似球体。

　　从理论到具体事物、从宏观宇宙到微观粒子、从自然科学到社会科学、从人类思维到事物运动轨迹无不表现"球体"的特点。随着科学的发展、实践的深入，必然越接近事物的本来面目，人类也才能从必然王国走向自由王国。科学越发展，人们越方便，使用越简单。"球体哲学"的出现同样说明了科学的进步、时代的发展，哲学就不再是高深的学问、抽象的说教，而是人们所喜闻乐见、易于接受、易于掌握、便于应用的心中工具。它是哲学质的发展、品味的升华、视野的拓展，而不是哲学的庸俗化、无档次或低品位。

　　三是"球体哲学"的哲学意义。

　　"球体哲学"形象、具体、辩证地描述客观物质世界的状况及其运动的一般规律。哲学的基本问题及其规律容易被人们所接受、理解和掌握，并用于思考、分析和解决每个人每天碰到的很多问题，让哲学真正深入人心、掌握人心、引领人心，也使人们的行为和行动行走在科学的轨道上。

　　"球心"即立场、我、人们，也是规律性、价值性及目的性的统一，也即真善美的统一。自然界的运动是自组织性和规律性的统一，它的统一就是圆心。人参与的活动，一切都围绕着圆心这个基本立场转动，为什么做事？怎样做事？做事的结果怎样？事情有没有达到真善美的统一？球心就是事物存在及其运动的支点，反过来说，球心调控、影响和掌握着事物的存在及其运动。正如我们用圆规画圆圈，圆规的一端作为圆心固定下来，调节半径长短，画出我们想要的圆圈。道理是一样的。

球体半径表示主体人的基本素质、综合能力及其即时的表现。球体是由圆的旋转形成的。

圆圈由圆心和半径画出来，集中体现了主体人的立场及其综合素质和能力，是主体人对于问题的分析和解决的结果，也就是事物及其运动的轨迹、结果。这结果是否符合人们所追求的规律性、价值性和目的性，有没有达到真善美的统一，就是形成的球体，即人们实践出的结果，最终由现代哲学的系统观、立体观和特色观集中展现出来。

系统思想产生于中国古代、西方的古希腊。马克思主义已经有丰富的系统思想。20 世纪系统理论、系统科学和相对论、量子力学对人类的科学、哲学和社会产生巨大的影响，引起了人类思维方式的巨大变革。我国杰出科学家钱学森在《工程控制论》（修订版）序言中写道："我们可以毫不含糊地从科学理论角度来看，20 世纪上半叶的三大伟绩是相对论、量子力学和控制论，也许可以称它们为三项科学革命，是人类认识客观世界的三大飞跃。"在人类自觉认识到系统思想之前，人们就在进行着系统思维。

"球体哲学"的系统观属于条件的范畴，它是从辩证唯物主义哲学客观的、联系的观点发展来的。客观的、联系的没有相应确定的范围，分析和实践时难以准确把握。而系统的观点对于我们所从事的工作的研究、分析和实践有相应确定的范围，计划和行动更有的放矢，效果会更好。系统观具有整体性、层次性、开放性、目的性、突变性、稳定性、自组织性和相似性的特征。比如，系统中的稳定性，无论是动态的还是静态的稳定性，都应该采取积极的态度来对待，把不稳定因素看作消极的东西。一般来说，系统的稳定性与负反馈相联系，不稳定性则与正反馈相联系，我们必须通过系统的正负反馈调节达到系统的稳定。

"球体哲学"的立体观，属于空间的范畴。球体的体就是立体，圆的旋转形成球体，同分异物体就是立体的。两点论，两点一条直线，两点可以画无数个面，公说公有理、婆说婆有理，有时事情很难把握。一分为三，一分为多，三点一个面和圆心构成立体，做人做事的分寸把握，必须是立体观。立体观反映了事物的空间层次、结构和布局，人们在对事情进行分析和实践时，必须注意和认真把握。增加或减少系统空间内子系统或要素，合理调整系统内部要素的比例关系及其布局，发挥系统的最优最大功能，同时保证可持续发展，获得最佳的实践效果，这也是科学从定性走向定量的切入点。比如，我们经常说的调整经济发展的结构和布局、政府机构的改革，就是根据经济和社会发展情况及其需要而增加或减少某些要素或子系统，这都体现了立体观的机制和作用。

　　"球体哲学"的特色观，属于时间的范畴。特色观的核心就是创优，系统必须创优，立体必须创优。特色要求比自己更优，比别人更优。特色观要求发展优质事物、特色事物，它整体最优、主体最优、内部协调最优、环境最优，它是自然和人类永恒的追求。系统及其事物处于不断演化中，优化在演化中实现，优化有一个发生发展的过程。优化是系统或事物演化的进步方面，是在一定条件下对系统或事物的组织、结构和功能的改进，从而实现耗散最小而效率最高、效益最大的过程，没有演化就没有优化。优化有自然系统的自组织优化，即自然优化和人对于对象进行组织结构优化的人工优化。系统或事物优化的核心是整体的优化，即系统或事物取得最好的组织结构和组织功能。大自然自发地在演化中实现优化，人类社会在不断演化中实现优化发展，人本身也是在不断的实践中实现优化的。人们的社会实践，把实现系统及其自身的优化作为一般目的和现实追求，人也就在改造自然改造社会的同时实现自我优化、自我提升，人类也才能从必然王国进入自由王国。特色观是从历史的、发展的观点发展来的，从认识世界到改造世界，再发展为优化世界。

现代哲学的系统观、立体观和特色观，它们之间的中介是实践，这些观点及其节点变化都能在球体上面找到相应的指示。

"球体哲学"来源于自然、社会和思维的一般规律的科学，是一般规律的高度抽象，它必然反映自然、社会和思维的一般规律。它是从劳动人民、智人，特别是当代的辩证唯物主义的唯物和辩证的科学思想发展而来的。它必然反映和体现马克思主义的基本原理，包括对立统一规律、否定的质量互变规律、否定之否定规律、否定的螺旋式上升规律等的发展观，这在前面的论证已有说明，在球体上自然有相应的表示。优化发展原理，包括矛盾运动的最佳矛盾统一体、肯定的质量互变规律、肯定之肯定规律、肯定的螺旋式上升规律等的发展观，在球体上同样有相应的表示。比如，肯定之肯定规律，社会主义这个特殊质表示球体上的某一个点，其特殊质有优化和劣化两种倾向，就是两条曲线沿球面延伸，社会主义的特殊质不断优化发展，肯定的量不断增加，到一定时候，斗争和同一归于统一，两条曲线交于一点，完成质变，生成优质事物，形成一圈圆圈，这就是肯定。肯定的优质事物，又分为优化和劣化的两条曲线，沿着球体往前延伸，即沿相反方向返回，同样，优化的量不断增加，最终又相交于一点，好像返回原点，又完成一圈圆圈，这就是肯定之肯定。不断的肯定之肯定，就是螺旋式上升发展。

马克思主义创始人及其继承人的哲学基本立场、观点和方法，在实践中的应用，取得了翻天覆地的变化。它过去是，现在是，今后仍是指导社会主义革命和建设的基本的科学原理。然而必须随着时代的变化、科学的发展而与时俱进、不断发展，才能继续立于时代的潮头，引领实践的前沿，为人类社会作出更大的贡献。

马克思主义指导下的哲学基本立场、观点和方法的前移、丰富和发展而形成的"球体哲学",将肩负使命,与时俱进,不断创新,成为人们所普遍接受和应用的世界观和方法论。

二、矛盾的统一体

唯物辩证法发展理论自创立以来,它所面临的时代和实践的中心就是革命,为适应无产阶级社会主义革命的需要,马克思主义创始人以及继承人在发展理论上,更强调了客观、革命,突出转化、质变、否定,即强调客观的否定性发展。然而,20世纪中期以来,经济建设发展问题成为当代世界的主题。社会主义各国是在经济落后的国家建设的,各国普遍照搬苏联社会主义高度集中的僵化管理模式,脱离了各国的实际国情,使各国的生产力发展严重受挫。社会主义国家迫切需要通过改革,完善社会主义制度,加速现代化建设,大力发展生产力,才能充分彰显出社会主义制度的优越性,巩固和发展社会主义,也才能最终战胜资本主义。这实际上是如何建立社会主义的矛盾统一体问题,这是摆在社会主义国家共产党人面前重大而迫切的任务,这是夺取政权后共产党及其社会主义国家生死存亡的大事。

现有发展理论,相对于时代的需要和科学的发展,其有局限性。如,忽视如何创造合适的条件使矛盾统一体健康地存在,生机勃勃地发展;忽视矛盾转化后新质的量变对自身质的自我肯定、完善和优化,及其与建立矛盾统一体的关系;为建立矛盾统一体,矛盾的主体如何与矛盾的各方协同配合,建立合理的结构和科学的空间布局,并不断与时俱进,矛盾统一体建立的机制与事物的发展机制及其关系都缺乏研究。

人类追求真善美的美好事物,即特色的形成,就对立统一规律来说,属于如何建立矛盾统一体的问题。而从系统论的角度说,实质上是系统克服各子系统或各要素间的种种冲突与不协调,实现系统内外部的良性循环，建立最有利于系统的潜力充分发挥的稳态过程。

新的矛盾体刚建立，矛盾方面旧的要素或方面还存在；新的积极要素或方面还未生长，或刚生长，或生命力不强；内部要素或方面的布局、结构和功能不合理、不完全、不完善；积极因素或发展机制不强，内部协调能力差，对外适应、交流、创新能力弱。经过主体因素的组织、调整、培育，按照事物发展的规律，依据矛盾的特殊性情况，掌握事物发展过程中的主要矛盾及矛盾的主要方面，使事物按合规律性和合目的性方面推进了矛盾的斗争与统一，不断促使矛盾的积极有利因素的增长、消极不利因素的消退，建立了矛盾的统一体。矛盾的统一体即内部各要素充分生长，要素的比例、布局、结构最合理，内部反馈调整功能最强、功率最大，最能适应环境的变化。矛盾的发展变化有其自组织自优化作用，有人及其主体的调控作用，有外界事物的联系作用，几个方面共同作用促使矛盾统一体的优化和完善。中国人的自然疗法叫中医。它是基于整体观、平衡观、辩证观的一门主观哲学。中医的观点中，中正和谐为健康，中医来自天地感应，把一切有利于人体的关系连接起来，以达成人体内外的全面调理。一年四季春、夏、秋、冬的变化，人们可通过调控，利用冷气和暖气，使局部温度适应人体的要求，让屋内夏天凉快，冬天暖和。

建立矛盾统一体，系统科学理论给予了有力的证明。系统科学指出，系统通过人体自身的能动作用，选择、改造、优化最有利于自身存在和发展的内在结构、布局和功能及其相应的外在环境，不断克服系统内部各因素间及系统间所存在的种种冲突、不协调和不充分，实现系统内部与外部间物质、能量、信息的良性循环，发挥系统的最佳功能，建立和维持系统的最佳稳态。

系统的发展受稳态的制约，系统似乎以一个只能在未来达到的稳态为目的。但无论系统处于什么不同的初始态最终都会导向稳态。稳态是自然的特性，在自然界具有自动稳态的"本能"和"机制"。稳态也是社会的特性，社会稳态的重要性在于生产关系与生产力、上层建筑与经济基础相适应。社会的稳态是一个复杂的多因素且经常变化的过程，所以作为社会的主体，要根据稳态变化情况采取综合措施，通过斗争、调整、增加子系统，确保震荡在可控范围内，又能保证整体和部分的优化。稳态理论揭示了系统通过自我调节保持动态平衡的机制。稳态发展属于积极稳态，系统稳态协调最优，反馈性强，总体功能最大，与外界进行物质、能量和信息良性循环，最能适应外部环境变化。

中国提出的改革开放，改革不适应生产力发展的生产关系，改革不适应经济基础的上层建筑，这是年轻的社会主义中国的自我调控、自我完善、自我肯定。建设和谐社会、实现"中国梦"，都是建设矛盾统一体的阶段性目标。实践证明是完全正确的，中国取得了举世瞩目的伟大成就，同样证明了社会主义中国的历史选择符合历史发展规律。然而，未来的路还很长，社会主义这个矛盾统一体要进入共产主义才算完成历史使命，新情况、新问题经常出现，建设任务任重道远，必须与时俱进，不断发展。

矛盾转化后的新质或具有特殊质的事物该如何自我肯定、自我调整、自我完善、自我发展，协调矛盾各方面力量，建立矛盾各方共同发展，结构、布局、功能最优化、最合理，整体效率最高的矛盾统一体，对于我们的工作具有十分重要的意义。建立最佳的矛盾统一体，是整个社会主义阶段的历史任务，而且必须要做好。

三、矛盾的转化与优化

唯物辩证法认为，矛盾的法则，是推动肯定的事物经过量变达到关节点产生部分质变，其总体质变即"质量互变规律"，否定事物的旧质产生新质并呈现波浪式上升发展即"否定之否定"。它强调了矛盾的转化、事物的质变，强调了量变为质变做准备。然而，质变后新质的自我肯定、完善和优化，新质自身的量变被忽视；事物新质及其具有特殊质的事物的量变为建立矛盾统一体、创造优质事物的机制和作用被忽视了。

我国建立社会主义的新中国，这是全中国人民在中国共产党领导下，经过艰苦卓绝的斗争，取得了革命的胜利，完成了矛盾的转化，即"否定之否定"。中华人民共和国成立初期，进行的土地革命和对私改造，这是对社会主义新质的肯定，是对社会主义质优化的量变的积累。然而，社会主义新质的肯定和优化是一个长期的历史过程，否则不能充分显示出社会主义制度比资本主义制度所具有的优越性。而一段时间内，还是强调在战争年代适应的"阶级斗争为纲"并绝对化，由此造成灾难性的后果。该如何适应实践中心的变化，把发展理论推向一个新阶段，成为亟待解决的重要课题。

事物的发展只看成质的转化一种形式，这不能阐明事物发展进化的全部意义。优质事物的产生和发展是质的转化和质的优化协同作用的结果。质的转化是事物的量变达到关节点引起事物质的飞跃，是旧质向新质的转化产生新事物。然而，客观事物的发展除这种质的转化、质的间断和飞跃外，还存在着质的转化后，在质的自身肯定中质的优化，才能形成优质事物。一般来说，质的转化是质的优化的前提和基础，质的优化是质的转化后优质规定性或优质事物产生和发展的后续阶段。在优质事物的产生和发展中质的优化与质的转化起着几乎同等重要的作用。如果没有新民主主义革命胜利作为前提和基础，就没有新中国，就没有社会主义制度。同样，没有社会主义制度建立后的巩固和发展，就不能彰显出社会主义制度的优越性，人们就会怀疑建立社会主义制度的必要性，所以质的转化后对新质的肯定和优化十分重要。事物的发展如果只有质的转化，新生事物产生后就只能停留在初始阶段，不可能是不可战胜的，或它富有的生命力只能是暂时的，所以存在一个质的转化后新质从初始阶段向高级阶段发展的优化过程。社会主义有无比的优越性，但如果不继续优化社会主义的质，发展中国特色社会主义，建立的社会主义制度就有倒退回资本主义或其他前社会形态的危险性。

质的转化在事物的发展与进化中起着积极的作用，但在特定条件下，质的转化不仅对进化没有任何积极意义，甚至对进化起着消极的作用，促使事物退化直至灭亡。第二次世界大战，几乎使整个欧洲、亚洲的大部分国家的历史倒退回几十年。同时，质的转化后存在着质的分化，分化达到极端结果是质的优化与质的劣化。质的劣化对事物起消极作用。质的转化后防止新质的劣化十分重要，可以避免对事物发展产生消极作用。

一切事物都是优质规定性和非优质规定性的统一体，两方面所处的地位决定了优质事物和非优质事物的分化。在统一体中，优质和非优质规定性的逻辑地位是确定的，在一定条件下可相互转化，向着双方原来所处的地位转化。物体势能高低的转化决定了物体所处的稳定或不稳定状态的转化；生产关系与生产力、上层建筑与经济基础相适应和不相适应的转化，决定着促进或阻碍社会生产力和社会的发展或倒退的转化。中国特色社会主义的建设，走自己的路，就是改革不适应生产力发展的生产关系，实践证明是正确的，它促进了生产力的发展，使人民生活水平提高，综合国力显著提升，国际地位明显上升，优化了社会主义的质，显示了社会主义制度不可比拟的优越性。

优质事物具有优质规定性，它决定了事物最优的存在方式和进化方向。优质事物又是同步优化共性与个性规定性的结果，共性优化是个性优化的前提与基础，个性优化是共性优化的补充，丰富共性优质规定性。邓小平提出的有中国特色社会主义理论的核心，就是坚持社会主义本质特征，优化社会主义的共性；结合各国实际，优化本国社会主义个性，发展社会主义特色。大多数社会主义国家在建国初期不能正确处理社会主义共性与个性的关系，没有同步优化共性与个性，一味追求一种共同的社会主义模式，把马克思主义关于社会主义理性原则简单套用于现实社会主义，从而导致失败。优质事物又是在质优化和环境优化内外因相互作用、相互制约中实现的。"事物质的优化是充分发挥事物内在潜力，发挥系统自组织自优化力或社会主体的自主性、能动性和创造性，是这些内在因素对系统演化方式、演化方向和演化速度的积极作用。一般说来，各类系统自组织力自优化力有物理力、化学力、生物作用力及社会系统的社会作用力。"① 一家企业加强内部的科学管理，建立一支有力的科技队伍，工人素质有较大提高，科技投入较多，产品质量好，效率较高，效益较好。企业内部的优质规定性，将不断推动企业的变革和创新，同时拥有较好的自然资源和外部环境，企业的外部条件与企业内部优化因素协同作用促进企业效益逐年提高，活力越来越强。

事物质的优化，发展优质事物，创造特色事物，是长期的历史过程。为不忘初心、不辱使命，社会主义质的优化要与时俱进，阶段性推进。新时代中国特色社会主义就是与时俱进，不断推进社会主义质优化的具体体现，到 21 世纪中叶实现现代化是这个阶段的目标。

质的转化后的新质及具有特殊质的事物该如何自我肯定、自我优化，发展优质事物，创造特色事物，拓展了发展的新领域，丰富了发展

① 苏昌培：《特色论》，社会科学文献出版社 1992 年，第 18 页。

观，对我们的工作和生活将有重要的现实意义和深远的历史意义。

四、矛盾的主体性问题

关于矛盾的主体性问题，认识论强调了认识是主体对客体的反映，强调了客体对主体的决定作用。认为认识越发展就越能摆脱主体因素的干扰，按客观事物的本来面目去反映事物。主体的作用主要是接受关于客体的感官印象和对这些感官印象的加工整理，至于主体结构中的价值等均被排斥在主体外。实践论从客体性原则向主体性原则和主客体相关性原则转移。在肯定客体对主体制约作用的同时，强调了主体性原则，在强调主体积极主动作用于客体过程中，以其复杂的内在系统对客体信息的选择、重构和创造。特色论强调突出主体优化，注重提高主体认识和创造特色的能力。认识和实践的创新选优关键取决于主体自身的不断优化，主要不在于知识量积累，而在于主体认识结构在与客体的相互作用过程中的重新建构和发展。这说明，随着科技的进步与实践的深入，人们认识世界和改造世界的主体作用日益凸显，改变了过去认为强调客观才是正确的，一旦说明主体作用便是唯心主义的错误倾向。

关于矛盾的主体性或目的性问题在现代社会显得这样重要，我们必须弄清楚矛盾运动有没有主体性或目的性？什么是主体性？它与矛盾运动的关系怎样？如何提高主体性？这些问题的解决有助于我们在工作中和生活中充分发挥自身的主观能动性，把自己的工作做好，对国家、单位和个人都好。

矛盾运动有无主体性的问题，答案是肯定的，它是我们在前面所讲的"球体哲学"的球体的球心，即运动的规律性及人们的主体性。实践论和特色论都将主体性摆在十分重要的位置，引起了充分的重视。显然，矛盾运动有人参与的，一般地讲，人是主体。人的行为是有意识有目的性的，人的主观意识可以指导、确立人的行为并协调和组织行为以实现矛盾运动的转化或优化、对立的统一或斗争的同一，实现预定的结果，即矛盾的主体——人如此行为的原因。主体人的目的性是建立在人的自觉性上的一种最高目的性。任何合目的性的活动，都是主体对某种价值的追求，都在价值导引下进行。价值是一个关系范畴，指的是客体满足主体需要的效用关系。

矛盾体为自然界的主体性问题，也即自然界的目的论，是哲学史和科学史长期争论不休的问题。早在古希腊时期就出现了，从柏拉图二重世界、亚里士多德的"目的因"、康德的因果联系，到黑格尔推进目的性思想，"目的的关系，这是机械性和化学性的统一。目的，也如机械的客体那样，是一个自成起结的全体……所以目的的实现就形成了到理念的过渡"①。黑格尔回答了矛盾的主体性"因为什么"的问题，且进一步说明了"为了什么"的问题。达尔文根据生物进化阐明了合目的性的意义，第一次给唯心主义的目的论以致命的打击，马克思对达尔文予以热情赞扬。

现代系统科学更进一步证实了目的性联系的客观性和普遍性。合目的性是广义有机系统的根本属性，是系统内部结构中组织起来的一定信息。合目的性联系，"也就是指复杂系统在非线性互相作用中产生的趋于某种终极条件或目标的方向性和合理性。即系统通过反馈调节，把历史（关于系统发生、个体发育的'经验''记忆'等），当前的情境同终极条件联系起来，以在可能性空间中选择这样或那样一种要素或组合，使系统保持稳定性，适应协调乃至向更高级的组织演化"②。"从系统论本身这个制高点来看，在整个自然系统的范围内没有什么不受价值

① ［德］黑格尔：《小逻辑》，贺麟译，商务印书馆 1980 年，第 378—379 页。
② 苏昌培：《特色论》，社会科学文献出版社 1992 年，第 49 页。

约束的"①。系统自我调节和自我组织的内在动力是价值，系统总是选择有利于自身存在和发展的价值。价值调节系统自身的行为及其和子系统间的关系，把系统和环境联系起来，并作用于环境，使自身得到改造和更新。任何事物都以有利于自身存在和发展的价值作为追求的目的。鱼类的季节性洄游、候鸟的季节性迁徙就是鱼类、候鸟与气候间广义的价值关系。

任何矛盾都有其本身固有的运动规律，作为主体的人对于矛盾的发展和转化及认识世界和改造世界起着重要作用。理论研究的任务不仅要把握客观世界的发展规律，更重要的是揭示人的主体功能。主体人是自然存在物、社会存在物，其具有实践的属性，具有理性和非理性因素。人的活动不同于其他动物，"动物只是按照它所属的那个种的尺度和需要来建造，而人懂得按照任何一个种的尺度来进行生产，并且懂得怎样处处都把内在的尺度运用到对象上去；因此，人也按照美的规律来建造"②。主体应通过顺应、调整或改变原有结构，对客体进行新的建构，使关于客体的经验材料发生新的联系，主体内部结构的建构和主体运用内部结构建构客体这样双重的不断建构的有机统一，促进了认识活动的发展、矛盾的转化或优化、系统总体功能的提高。

人类为了改变世界，主体人要按照合规律性和合目的性的原则，按照真善美统一原则，创造出理想的客体，并通过一定的手段、途径去发动、控制、调节实践活动，把观念的理想客体变为现实的人化客体，实现矛盾的转化或优化，达到预期目的。

---

① 闵家胤：《拉兹洛系统哲学述评》，载《国外社会科学》，1985 年第 3 期，第 19—24 页。

② 马克思、恩格斯：《马克思恩格斯全集》第 42 卷，中共中央马克思恩格斯列宁斯大林著作编译局译，人民出版社 1973 年，第 96—97 页。

维纳等认为，"一切有目的的行为都可以看作需要负反馈的行为"①。按照控制论的观点，其目的性行为也就成了受到负反馈控制的行为同义语。系统的目的性必定与系统的开放性相联系，通过系统与环境的物质、能量和信息的交换，并作出反应、调整和选择，使自身的潜力得以表现，其目的性也就在其中了。目的系统与环境间存在复杂非线性关系，这表现为系统的复杂反馈机制的建立，表现自主性、自稳性、自协调，从而使系统保持不变的发展方向。系统的目的性，也是系统发展变化的阶段性与规律性的统一，于是，人们要在目的性与非目的性的对立统一中来把握。我们可以从原因来研究结果，以一定原因来实现一定的结果，且可以从结果来研究原因，按照一定的预先设想的蓝图即结果来要求一定的原因，最后实现一定的目的。

矛盾的主体性规律告诉我们，当代人类改变世界的创优实践达到一个空前水平，作为创优实践首要要素的优化主体，要全面提高自身各方面的素质、知识和技能，才能不断适应时代和实践发展的需要。

五、矛盾的度与第三点

度是反映事物的质和量统一的哲学范畴，是事物保持自身质的量的限度（或幅度、范围），是保持和事物的质相统一的量的界限。度体现了质和量的统一，度是质和量的互相结合，量是一定质的量，质是一定量的质。度是质和量的互相规定，在度的范围内，质和量既规定对方，又通过规定对方而规定自身，使质与量双方处于统一状态。超出度的范围，事物的质量统一体将破裂，转化为他物。在度中，存在着质和量的

---

① 庞元正、李建华：《系统论、控制论、信息论经典文献选编》，求实出版社 1989 年，第 284 页。

对立、排斥。正如恩格斯在《反杜林论》中指出的："在一定的关节点上就引起质的飞跃，例如在把水加热或冷却的时候，沸点和冰点就是这种关节点，在这种关节点上——在标准压力下——完成了进入新的聚集状态的飞跃，因此在这里量就转变为质。"这种"关节点"就是事物的度，是万事万物的存在和变化的依据。

度在具体矛盾中是极其复杂的。人们对于矛盾中度的掌握是较难的，因矛盾因素的复杂化，关节点就会呈现出多样化，还由于演化的方向性和不可逆性，度的关节点在不同方向有不同变化。如温度和水状态的变化，不同大气压情况就有不同的变化。人类几千年来，经过艰苦努力的探索，总结了自然科学、社会科学及人类思维方面的大量工作，根据各个领域、各个方面研究的内容及其成果的不同，分门别类，设立各门科学。但还有许多没有或有待深入研究、开发的领域等待我们去研究、去开发。

度是普遍存在于客观物质世界的哲学概念。关于度的研究，自然科学研究总结了大量的成果，并被实践证明是正确的，在国计民生中形成了很多科学门类。社会科学与思维科学也做了大量工作，但有一些受到政治因素的影响，未能广泛普及，因此还有大量的工作要做。"球体哲学"的研究必将促进自然科学与社会科学的交融发展，使社会科学早日走向立体化、定量化，才能让哲学社会科学真正进入我们的生活、我们的工作、我们的人生、我们的社会。关于黑格尔提到的"质、量、度"中的交错线怎样形成；恩格斯提到的"关节点"如何把握；列宁的对立面怎样统一，"需要说明和发挥"怎样掌握；毛泽东说的矛盾统一、斗争同一的"一定条件"，"具体情况具体分析"的马克思主义的活的灵魂，在多个发展过程中及其各个发展阶段上矛盾的特殊性是如何确定等都是摆在我们面前的重大课题，归根结底是"度"的确定和把握。它也正是社会科学走向立体化、定量化的难点。

老子在《道德经》中指出："道生一，一生二，二生三，三生万物。"其内容深刻丰富，耐人寻味和深思。"二生三"实质上是我们所讲的辩证法的三大规律"对立统一规律、否定之否定规律及其质量互变规律的最高统一"①。

"一生二，二生三"的过程，即肯定自身存在的事物"一"内部包含相互否定的两个方面"二"，由于斗争的作用和发展，矛盾转化为"三"，由肯定"一"达到对自身的否定"三"，再由否定"三"进入新的肯定"新三"，即否定之否定。对立的统一、斗争的同一及其质量互变规律，达到"否定之否定"，这里面根本变化是矛盾的度的变化。"二生三"的确定性和生成物的多样性的真正原因，是矛盾双方斗争的不同情况造成不同的结果。

世界上万事万物的矛盾双方是怎样统一的，统一的客观基础是什么？在于人们能够理智地客观地因势利导地驾驭矛盾，使矛盾向着有利于我们的方向转化，这就是"三"，也即三点论。三点论的中心内容就是对正反因素融合而成的代表事物本质的点即第三点的界定和应用。

三点论与亚里士多德的中道论有不谋而合之处，中道论的移动靶就是我们三点论中的理想第三点；三点论所揭示出的规律即事物"截面"及事物"体态"的变化，为无穷"正反和"的螺旋，与黑格尔哲学体系的结构三一式，亦即"正反合"相符合；三点论中的第三点与佛教的中道观的形成相同源，让人们有行可循、有迹可循、有利可用。由此可知，三点论的第三点是有理论渊源的。

第三点是普遍存在于客观世界的哲学范畴，有着广泛的应用。不管

---

① 俞明三、俞晓鹏：《三点论》，学林出版社 2005 年，第 39 页。

事物是多维还是一维、多体系还是单体系、全过程还是即时的、独立的还是依附的，都有其各自的第三点。它代表了事物的存在，是融二为一的平衡点；在分类上，是一分为二、一分为多的分界点；表现在比较上，是参照点；表现在事物间的联系上，是中介点；表现在质量互变中，是临界点；表现在否定之否定中，是转折点；表现在分析上，是一分为二；表现在综合上，是融二为一；表现在实质上，是对立的统一；表现在转化上，是斗争的统一；表现在时间上，是计量的起点；表现在空间上，是观测的起始点……。

第三点分为"理想第三点"和"现实第三点"。在理想情况下的第三点称为"理想第三点"，在自然科学、社会科学和人类思维领域都有广泛应用。如，数学上的零、点、中点、中轴线、中立面、中介体、圆心、球心、交点、切点、极值点；物理上的参照物、力的平衡点、力的作用点、匀速运动状态、力的平衡状态、各种理想状态；化学上的平衡态、稳态、基态；社会科学上的法律法规及其具有法律效力的条例、规则、决议、命令等；社会组织中的规章制度或协议、企业合同等；社会人群中的良心道德、协约、公约等。事物的具体第三点称为"现实第三点"。它是矛盾正反因素以不同比例融合而成的坐标点，是事物区别于其他事物的根本特征。"理想第三点与现实第三点的关系实质上是绝对与相对、可能与现实、普遍性与特殊性以及一般与个别的关系。"[①]它们既是互相对立的，又是互相依存的、互相包含的。矛盾的发展就是一个理想第三点与现实第三点不断地相互转化也即矛盾的度不断变化的过程。

矛盾的对立统一、斗争的同一、矛盾在自然状态下达到统一或同

---

①　俞明三、俞晓鹏：《三点论》，学林出版社 2005 年，第 54 页。

一，是必然、自然的过程。宇宙的变化、地球的变化、一年四季的变化，这是自然界的过程，我们无法改变，只能适应。我们参与的矛盾运动，可依据矛盾变化的本身规律，掌握其矛盾的真，再根据我们的目的，结合善和美的需求，调控矛盾的变化，使真善美能够有机地统一起来。在事物"度"的范围内，使现实第三点更符合人类的需要，达到有效改变世界的目的，也使我们的认识、行为和行动更有明确的范围和界限。

这里要特别指出的，"理想第三点"是不断变化的，它随着科学、实践、社会的发展而发展。比如，国际体育竞赛，世界纪录不断提高。"理想第三点"是"现实第三点"的参照系，人们在具体工作、生活、思维中都以"理想第三点"为参照、依据、准则，并根据"现实第三点"及其情况不断调整自己的思路、行为和实践，使我们的行动、实践和行为接近或远离"理想第三点"。在通常情况下，"现实第三点"离"理想第三点"越近越好，例如，体育竞赛，越接近纪录越好；做工作办事情越接近理想越好。相反，在许多场合要求事物的"现实第三点"远离"理想第三点"，比如，人的表现起码要守法，且离犯法越远越好；对国家不利的工作不做、不利的话不说。"理想第三点"与"现实第三点"的关系，对于指导和规范人类、社会、个人的思想、工作和行为将有十分重要的意义。

要真正掌握事物，必须把质和量统一起来，掌握它的度，从而为我们的实践活动提供一个正确的准则。现实第三点与理想第三点的远离和逼近也必须掌握"适度"的原则。可见，第三点与度是相承相通的，我们要研究的度就是三点论的第三点。

世界上的万事万物是成系统、分层次、系统内外部、层次内外部、要素内外部无不充满着正反两方面因素的联系、对立和斗争，由此推动矛盾的转化、统一、同一或融合，我们称为"正反和"。正反和，包含了万事万物的根本结构，是万事万物的根本相同点，因而也是各类事物的最高抽象，具有相对的不变性。"正反和"规律反映了事物的存在及其变化运动的规律，它普遍存在于自然界、人类社会和思维领域，也适用于人的理想、奋斗和前途。

第三点是事物正反因素以不同比例融合形成的平衡点，也即"正反和"。正反因素比例发生变化，平衡点就会发生移动，平衡点的移动，事物的本质或状态就要改变，于是矛盾转化。这个第三点的产生与正反因素的融合是同时的，但正反因素的比例经常发生变化，平衡点必然会发生移动，第三点也将必定移动，所以，事物也就不断地变化发展。三点论的第三点也即正反和规律的无穷变化，决定了事物发展变化的无穷无尽，人类社会将必定从必然王国迈向自由王国。

矛盾的度、第三点以及前面"球体哲学"中提到的立体的观点一脉相承，讲的归根结底一点就是哲学社会科学立体化、定量化问题。马克思指出："一种科学只有在成功地运用数学时，才算达到了真正完善的地步。"①

社会科学立体化、定量化是一个十分复杂的问题，它不能像自然科学那样可用代数计算。但社会科学同样有"类似数学"成熟发展的时候，它就是社会科学的立体化、定量化。社会科学的一些重要概念、重要结论及其论点要立体或多体、三点或多点，逻辑推理及其脉络清楚，并被实践和社会证明是正确的。这样，人们可以有明确的遵循、明确的行为准则，就可以直观形象辩证地认识、掌握和行动，人类真正进入自觉有效科学地认识和改造世界的时代。先哲们和智者留给时代的伟大精

---

① ［法］保尔·拉法格等：《回忆马克思恩格斯》，马集译，人民出版社 1973 年，第 7 页。

神财富——著作，以及人类实践是我们取之不尽、用之不竭的源泉。比如，事物评价的标准真善美；支撑社会的要素法理情；系统的特点整体性、层次性、开放性、目的性。

社会科学自然化，自然科学社会化，自然科学与社会科学融合发展，这是实践、时代和科学的需要，同样这是实践、时代和科学发展的必然。度、第三点及立体方法只是打开社会科学立体化、定量化的大门，还有大量工作要做，目的一定会达到，一定能够达到。

六、矛盾的显性和隐性问题

"两个相反的东西中间有同一性，所以二者能够共同处于一个统一体中，又能够互相转化，这是说的条件性，即在一定条件之下，矛盾的东西能够统一起来，又能够互相转化；无此一定条件，就不能成为矛盾，不能共居，也不能转化……有条件的相对的同一性和无条件的绝对的斗争性相结合，构成了一切事物的矛盾运动。"[1] 就是说，事物间有两个相反的东西，有相应的条件，共居于统一体中又互相转化，过程中始终贯穿着矛盾的斗争。矛盾的又斗争又同一推动事物的运动发展。这是矛盾的一种性质与一种运动形式，而不是矛盾运动的唯一性质和唯一表现形式。

矛盾存在于一切事物的发展过程中，每一事物的发展过程中存在着自始至终的矛盾运动。怎样理解"一切矛盾着的方面都因一定条件具备着不同一性，所以称为矛盾"[2]？矛盾的方面一定是相反的东西吗？一定的条件指的是什么？矛盾着的方面的共居和转化的同一性为什么不

---

[1]　毛泽东：《毛泽东选集》第 1 卷，人民出版社 1991 年，第 333 页。
[2]　毛泽东：《毛泽东选集》第 1 卷，人民出版社 1991 年，第 328 页。

是唯一方式或结果？为什么说矛盾无处不在，无时不有？把这些问题弄清楚了，将有助于我们深刻了解矛盾运动的性质和状态，为解决问题提供更有效的途径。

炸弹放在房屋内，将炸弹点火，炸弹爆炸，释放出大量能量，房屋倒塌。炸弹和房屋两项不同但不是相反的东西构成矛盾的两个方面，它们构成一对矛盾。由于点火这个一定条件，炸弹爆炸，释放出大量能量。炸弹能量的冲击是这个斗争的结果，造成炸弹消失和房屋倒塌，旧的统一体遭受破坏，新的统一体产生。炸弹和房屋组成一对矛盾，构成矛盾的两个方面。炸弹放在房屋内或房屋周围是一对矛盾但不具有同一性，它属于显性矛盾。因为炸弹点火这个矛盾条件，炸弹爆炸，房屋倒塌，但它不是同一性的结果，是矛盾发展的另外一种形式。炸弹放在房屋以外较远的空地上，炸弹和房屋还是一对矛盾，对于房屋来说属于稳性矛盾。假使炸弹点火这个矛盾条件，炸弹爆炸也不会对房屋造成什么影响。客观世界到处都存在矛盾，随时都有矛盾，我们一直生活在矛盾当中，不是矛盾的有与没有，而是一般表现为隐性矛盾，人们不易觉察出来。隐性矛盾一般是与人们没有直接关系、距离人们较远、人们没有直接感受到的矛盾运动。而显性矛盾一般是与人们有直接关系、与人们近距离、人们直接感知到的矛盾运动。如气候变化，居住地的重大事件，与本人的家人、亲戚、朋友、同事有直接关系的事情。隐性矛盾与显性矛盾因条件不同表现了差异性，给人们以不同的感觉，产生不同的效果，给人们以不同的影响。一般情况下，隐性矛盾不给人们造成影响或影响很小。而显性矛盾给人们造成直接影响，有正面影响，有反面影响。比如，地震给人们造成了反面影响；恶劣天气对人们的衣食住行造成了反面影响；飞机、轮船把我们安全送到目的地，有利于我们的生活工作。

各人的情况包括位置、条件、交往、习惯、地位、从事的工作、日常活动的不同，而对同一矛盾的感受、影响和关系不同，或是隐性矛盾，或是显性矛盾。然而由于条件的变化而变换，对于同一个参照点来说，隐性矛盾变为显性矛盾，显性矛盾变为隐性矛盾，两者又没有绝对的界限，是相对的关系，主要依条件和关系而定。比如某人乘坐公共汽车 A，某人与车 A 是显性矛盾，到达 C 站后改乘公共汽车 B，某人与车 A 变成隐性矛盾，而与车 B 变成显性矛盾。显性矛盾与隐性矛盾的不同及其互相变换，要求人们在日常工作和生活中，能随时随地分析和注意矛盾的变化，掌握显性矛盾的状况、条件及其变化状态，注意隐性矛盾的大概情况及与我们的关系，并关注其矛盾性质的转变。只有这样才能使我们统观全局，胸有成竹，抓住主要矛盾和矛盾的主要方面，找出解决问题的办法，把事情办好。

矛盾的对立统一规律告诉我们，在一定条件下，矛盾的东西共居于统一体中，如果是相反的东西，在一定条件下，会向着其相反的方面转化去，具备同一性。如果不是相反的东西，构成一对矛盾，依条件的变化而产生相应的变化；在特殊条件下，旧的统一体破坏，建立新的统一体，但不具备同一性。如生与死、上与下、富与穷、发展与落后、新与旧、生产力与生产关系、经济基础与上层建筑的矛盾方面具有同一性。而生活与旅游、生产力与基础设施、经济基础与城市面貌等矛盾方面不具有同一性。

两个相反的东西在一定条件下，具有同一性。两个不同但不是相反的东西没有同一性，但在不同的条件下产生不同的结果，这也是矛盾无处不在，无时不有的根本原因。这一定的条件有时会使矛盾产生重大的变化，如地震、飞机失事、台风、洪灾、寒潮灾害、干旱、虫灾、疫情、房屋倒塌等，这就要求我们对国计民生产生影响的可能条件做好预测、评估，要分清是隐性矛盾还是显性矛盾。我们在工作、生活和实践中，根据矛盾的性质、变化的条件、预测的结果，应采取相应的调整、控制和干预措施，促使矛盾朝着有利于我们的方面转化，以求达到预期的效果。

七、矛盾运动的机制与趋势

列宁讲到发展这一学说时指出："发展似乎是重复以往的阶段，但那是另一种重复，是在更高基础上的重复（否定之否定），发展是按所谓螺旋式而不是按直线式进行的。"① 列宁的这段话辩证、深刻、形象地指明自然界、人类社会以及思维领域的事物运动和发展的螺旋法则。

事物为什么会运动变化？从太极图里，可以感悟很多道中法则。"太极图的常态，是旋转。这是世界永恒的变化。旋转的动力，来源于道。"② 黑格尔的辩证法揭示了对象本质自身的矛盾和作为发展动力的原则，是普遍适用的。马克思主义的对立统一规律是事物发展变化的源泉和动力。列宁指出："对某一物体、或在某一现象范围内或在某个社会内部发生作用的各种力量和趋势的矛盾或冲突造成发展的内因。"③ 毛泽东指出："事物发展的根本原因，不是在事物的外部而是在事物内部，在于事物内部的矛盾性。"④ 可见，矛盾无论多么错综复杂，对立统一双方的矛盾性都有一定的相互作用力，它是事物运动、变化和发展的根本原因，是不以人的意志为转移的原因制约性的结果，即必然性机

---

① 中共中央马克思恩格斯列宁斯大林著作编译局：《列宁选集》第 2 卷，人民出版社 1960 年，第 584 页。
② 仲昭川：《互联网哲学》，电子工业出版社 2015 年，第 29 页。
③ 中共中央马克思恩格斯列宁斯大林著作编译局：《列宁选集》第 2 卷，人民出版社 1960 年，第 584 页。
④ 毛泽东：《毛泽东选集》第 1 卷，人民出版社 1991 年，第 301 页。

制。如果有人为作用情况下，同样是矛盾间的相互作用力引起事物的运动和变化。事物间的相互联系、相互作用这个原因引起矛盾的运动和发展。俞明三等《三点论》"三因追究法"指出，原因有"直接原因""间接原因""终极原因"，最终是通过矛盾间力的作用而运动的，从而形成了运动的螺旋法则。

"直接原因"指的是决定事物存在和发展最具体并且是直接联结的原因。为此，要把握矛盾分析中的重点论，根据矛盾的不平衡性，区别主次、轻重、缓急，进行有重点的分析。在根本矛盾与非根本矛盾、主要矛盾与次要矛盾、矛盾的主要方面与矛盾的次要方面、内因与外因、主观原因与客观原因的关系上，抓住重点，即抓住根本矛盾、主要矛盾、矛盾的主要方面，把它们作为分析和解决问题的根本点和出发点，同时要密切注意其他矛盾的情况和变化。直接原因是事物存在和运动的根本矛盾、主要矛盾和矛盾的主要方面。直接原因在形式上是与事物具体直接相联结的原因，它直接决定事物存在和运动的方向，它在事物演化螺旋曲线上反映了波峰与波谷之间的作用。内因、外因、客观原因、主观原因、物质、意识等都可能是直接原因。

"间接原因"对事物的存在和发展有影响，主要是影响直接原因的方向和大小，使直接原因作用下的对象不能直线运动，而变为螺旋式振荡。所以，我们在工作、生活中既要注重直接原因，又不能忽视间接原因的影响。

"终极原因"是直接原因与所有间接原因效用的总和。终极原因支配着事物的存在和运动，是客观世界的总规律。直接原因必须受终极原因的制约和控制。这些终极原因在现实世界中是各种规律、信息、程序和意识，它决定了事物终极存在和发展的运动轨迹。20世纪70年代末，世界上社会主义国家国民经济普遍较困难，矛盾较多，特别是生产力发展较为缓慢，中国共产党提出坚持以经济建设为中心，改革开放为基本点，社会主义道路、共产党的领导、马克思主义、人民民主专政四项基本原则为总路线的中国特色社会主义建设。这符合中国的国情，中国处于社会主义的初级阶段，社会的主要矛盾是人民日益增长的物质文化需要同落后的社会生产之间的矛盾，大力发展生产力是全党全国人民的中心任务，得到中国人民的衷心拥护和支持，这些是直接原因。另外，世界友好国家的支持，敌对势力的干扰破坏及其"和平演变"图谋，自然灾害的影响，这都是间接原因，虽有影响，但我国的改革开放依然沿着正确的航线乘风破浪。40 多年来，中国共产党的坚强领导和社会主义制度的优越性这些终极原因与各种原因的综合作用向世人证明，中国的改革开放创造了人间奇迹，中国人民从站起来到富起来，正在强起来。

事物的运动和变化为什么呈螺旋式曲线呢？事物内外矛盾的相互作用，产生力和化学物质的变化，生成能量，即机械能、热能、电能、磁能、光能、原子能等，促进事物的运动和发展，呈现"螺旋式"趋势。相对于一个螺旋节来说，必然有发生、发展、高潮、回落、结束这样五个自然阶段。"根据正反因素能量的对比，必然存在着对应的五种能量对比状态，即能基态、能殊态、能梯态、能近态及能洽态。这 5 种状态决定着事物的即时特征和根本性质。"[1]

能基态指的是矛盾中正反因素能量没有形成对比时的状态，新的事物的对比力量没有显著存在或很弱小，但有形成正反因素、力量对比的趋势，是事物发生前的状态、原始阶段和载体，如宇宙大爆炸前的状态、原始社会、婴儿出生后幼儿的阶段。能殊态指的是矛盾中正反因素

---

① 俞明三、俞晓鹏：《三点论》，学林出版社 2005 年，第 180 页。

形成能量激烈对比的状态，且能量对比悬殊，斗争激烈，向着有序方向发展，是矛盾的发展阶段，如宇宙大爆炸阶段、社会急剧变化时期、人的童年和青春时期等。能梯态指的是矛盾正反因素能量对比呈梯状分布时的状态，正反力量的对比呈梯状分布，使力量悬殊的矛盾，分散为层层节制，如等级森严的封建社会、人的壮年阶段等。能近态指的是矛盾中正反因素能量对比接近时的状态，正反因素绝对值相近，谁也控制不了谁，矛盾就显得十分不稳定，如动荡的社会、老年阶段等。能洽态指的是矛盾中正反因素能量对比比较接近，能量绝对值都很大，然而处于各得其所的状态，旧体系融入新体系，旧体系结束，新体系与下一个螺旋节开始时的能基态是同一状态，如人类进入向往的大同世界、人的死亡回归自然等。

螺旋节的五能变化规律反映了自然界、人类社会和人类思维客观存在的普遍的运动发展规律。世界上一切事物都有一个发生、发展和结束的过程，这一过程中，运动发展的动力来自矛盾对立双方的作用力也即正反因素的能量对比。为此，研究矛盾运动时，研究它正反能量对比情况，就能知道事物的性质和发展现状，预测矛盾的可能方向，再根据我们的目的和实际情况，采取相应的办法和措施，促使矛盾朝着有利于我们的方向发展和转化，以达到有效地改造世界的目的。

八、矛盾的解决

矛盾无时不在，无处不有。我们就生活在矛盾中，矛盾千姿百态，无奇不有。矛盾不断产生，又不断解决，旧矛盾消亡，新矛盾产生。矛盾依性质及其所处的条件不同而解决的方式和途径也不同，解决的效果也千差万别。科学地梳理出矛盾解决的途径、方法及其效果，对于矛盾解决的研究十分重要，它对于矛盾的转化或优化，促进矛盾的发展变化意义重大。这里就矛盾的解决谈谈看法。

一是对抗是矛盾解决的一种形式，而不是一切形式。

毛泽东同志在《矛盾论》中指出："列宁说：'对抗和矛盾断然不同。在社会主义下，对抗消灭了，矛盾存在着。'这就是说，对抗只是斗争的一种形式，而不是它的一切形式，不能到处套用这个方式。"

矛盾和斗争是普遍的、绝对的，解决矛盾的方法则依矛盾的性质不同而不同。对抗一般指矛盾主体的命运、地位及其性质受到严重威胁或影响时，矛盾难以调和，而所采取的矛盾解决方式。

人类历史上，阶级矛盾发展到了一定阶段，采取外部对抗的形式，发展为革命。我们党历史上的国内革命战争、抗日战争、解放战争、抗美援朝、中苏边界珍宝岛事件等都是采取了对抗的形式。共产党内正确思想和错误思想的矛盾，随着阶级斗争的发展，也有可能发展为对抗性的，如我们党与张国焘的斗争发展为对抗性。美帝国主义对苏联社会主义国家采用"和平演变"策略，导致苏联社会主义解体，虽外部表现平静，但属于对抗性的。

重大自然灾害如地震、海啸、火山爆发、大旱、大涝、重大传染病等对于相应人群的影响也属对抗性的，结局是人群生存下来或部分死亡。

生物的遗传变异、物理和化学的实验和应用多是对抗性的，结果一般是改变原来的形态和性质，旧质消亡，产生新质，形成新质的形态和性质。人得了重大疾病，属对抗性质，经过治疗这个解决方案，或保全生命、人病共生，或死亡。

国家间、民族间、地区间、团伙间等，因为双方矛盾尖锐，变为对抗性质，发生战争、械斗或外部冲突。到一定时候，条件的变化，矛盾双方和谈停火，握手言和，和平共处，例如当时的朝鲜战争。这是矛盾对抗解决的一种方式和结果。

对抗性质的矛盾，存在于社会、自然、人的生活等各个方面。其对于矛盾主体关系重大，要根据对抗性质的不同采取相应的解决办法，解决的结果也不一样。一般的有矛盾的一方战胜另一方、矛盾双方被新的矛盾所代替、新旧矛盾融合共生、矛盾双方握手言和、和平共处等不同情况。

二是矛盾的理智解决是矛盾解决的一种重要方式。

理智的矛盾解决一般是在矛盾主体的可控范围之内，各方为各自的利益各得其所而所采取的矛盾解决方式，它对矛盾各方有一定影响，但不是根本性的；或是力量对比悬殊，或者理亏，不得已而为之。

人民当家作主的新中国成立以后，实行土地改革，对私营工商业改造；香港、澳门回归祖国；改革开放改变不适应生产力发展的生产关系，为吸引外资，学习先进国家的管理经验和科学技术，实行经济特区及其对外开放政策等都属于理智的矛盾解决办法。于矛盾双方都有好处，矛盾的解决兼顾各方利益；双方处于主次或从属关系，在某些共同的利益基础上共居统一体中。

气候异常、自然灾害、人体疾病、工作环境不顺心、同事关系不和、工作压力大等矛盾，对于矛盾当事人这个矛盾主体有一定影响，但不像对抗性矛盾那样严重。应用智慧的办法，通过学习知识、锤炼心志、自己调整自己、提高自身，理智地促使矛盾的转化或优化。这样对于国家、社会、家庭和自身都好。

我们的思想经常处于斗争的状态，对于一些影响较大、比较敏感、比较棘手的矛盾和问题，展开思想斗争，分析利弊，权衡轻重缓急，拿出可行的办法，这属于理智型的矛盾解决办法。这种方法经常运用、熟练运用，可从中提高自身分析和解决问题的能力，塑造出彩的人生。

三是矛盾的习惯性解决方式是矛盾解决的经常性方式。

习惯性矛盾解决方式一般来说，对于矛盾的主体影响不大，经常使用，习以为常，成了习惯。习惯一旦形成难以改变，习惯有好的也有坏的。习惯有很强的惯性力，要改变很难，但可以改变。好的习惯对于人生作用很大，坏的习惯对于人生影响也很大。人应做习惯的主人，习惯必须与时俱进，不断发展。

习惯同样是解决矛盾的一种方式，习惯一旦形成，思考的成分就少了。这是矛盾解决的一种经常性方式，是客观存在的，不可忽视。

对抗性、理智性和习惯性的矛盾解决办法，依具体矛盾的不同性质而采取相应的解决办法，必须牢记毛泽东在《矛盾论》中强调的，"对于具体的事物作具体的分析"。具体问题具体分析，具体问题有具体的解决办法，不同矛盾有不同的解决办法，不能随便套用，否则会犯颠覆性的错误。然而，在矛盾的发展过程中，必须根据矛盾的发展趋势及其可能出现的结果，事先调整。矛盾双方，特别是矛盾的主体，应尽量减少对抗的发生，对抗双方消耗大，我们不是害怕对抗，而是在不影响根本原则的前提下尽量避免对抗，这叫理智解决矛盾。当然在特殊情况下，务必采取对抗办法的，我们应该而且必须争取胜利。习惯性矛盾处理办法应该增加些理性因素，使习惯性办法更科学、更有效。理智性矛盾解决办法必须而且应该是推崇的矛盾解决办法。

九、矛盾转化后要素的整合

唯物辩证法的科学否定观，就是建立在对肯定和否定辩证关系正确理解的基础之上的。正如马克思指出的："辩证法在对现存事物的肯定的理解中同时包含对现存事物的否定的理解，即对现存事物的必然灭亡的理解……辩证法不崇拜任何东西，按其本质来说，它是批判的和革命的。"① 矛盾的转化，是矛盾根本性质的变化，是新事物产生和旧事物的灭亡。辩证的否定是发展的环节又是联系的环节，是对旧事物既克服又保留了即扬弃的过程，是连续性与非连续性的统一。关于矛盾转化后，新事物产生和发展构建矛盾的最佳统一体，我们在前面已作了论述。而新质的自我肯定也包含着对旧事物的否定，同样存在着对待被否定的旧事物的问题。而矛盾转化后旧事物灭亡，旧事物与新事物的关系怎样？什么该克服、什么该保留，怎样克服、怎样保留，是我们必须认真深入研究的课题，它对于我们做好工作、促进矛盾的优化有着十分重要的意义。

从矛盾解决的结果可看出，取得支配地位的新生事物是原来矛盾的一方或矛盾的双方融合的结果，或是主次关系共居的，旧事物即处于从属地位或被取代，或双方已被改造的情况。然而被取代或从属的旧事物也有它发生、发展和消亡的过程，它的出现有其本身的合理性、内在需求、适合的条件和本身的发展规律；在一般情况下，旧事物有它完整的结构、功能、行为、习惯，有它自身的肌体，或是庞大的国家机器，或是地区、单位人财物有形资产；旧事物也与各方面有着千丝万缕的联系，因而有顽强的生命力、持久的抵抗力、强大的影响力、不断的惯性力。这是由它本身性质及其联系所决定的，要它立即退出历史舞台是不可能的。

旧事物对新事物的影响是多方面的、途径是多种的、形式是多样的。其影响有现代的、近代的、远古的；有本民族、外民族、本国、外国、区域内、区域外；有人类、群体、集体、个人；有政治、文化、经

---

① 中共中央马克思恩格斯列宁斯大林著作编译局：《马克思恩格斯文集》第 5 卷，人民出版社 2009 年，第 22 页。

济、科学、艺术、教育、行为、习惯、风格、语言；有直接和间接影响。经过质变产生的新事物，开始时稳态水平较低，内部充满着错综复杂的矛盾和斗争，因而新事物不平衡、不稳定，甚至有向旧质恢复的可能。为此，必须本着严肃、认真、科学的态度，抱着宽容、包容、共享、共建、有理、有利、有节的精神，采取承前启后、兼收并蓄、推陈出新、批判继承、分别对待、取其精华、去除糟粕、古为今用、外为我用、消化吸收、发展创新的切实可行的办法对待旧质事物，一切为了新事物的生长、壮大和发展。

人类社会从原始社会、奴隶社会、封建社会、资本主义社会到社会主义社会的发展，每一社会形态的更替，都是通过否定前一社会形态的旧质产生后一社会形态的新质而实现的。同样，自然界、人类思维是在否定旧质、产生新质这样无限的循环中形成了我们现在这样丰富多彩的世界。新质产生后的主要任务是创造一个更加美好的世界，即建立最佳的矛盾统一体。同时一个任务是接纳、改造和整合旧事物及其造成的影响，为我所用，共同建设发展新的矛盾统一体。现在社会主义社会已经建立，并不断发展壮大，在跟资本主义及其他社会形态的斗争中，虽有挫折，但将勇往直前，排除万难，直至在全世界取得胜利，实现共产主义大同，这也是历史的必然性。

改造和整合旧事物是发展新质的需要，改造和整合旧事物是一个复杂的社会系统工程，其牵涉面广。旧事物对新质的影响有 3 个方面，即人、财物、文化；按关系分，有对抗性、附属性、内部矛盾 3 种；按新质发展过程看，有新质初建立、新质发展中、新质本身的调整 3 种。

中国共产党领导中国人民经过几十年的浴血奋战，推翻了压在中国人民头上的帝国主义、封建主义和官僚资本主义三座大山，建立了中华人民共和国，人民当家作主。中华人民共和国刚建立，属于新质初建立阶段，政府机构刚成立，基础差，底子薄；内外敌人相互勾结，从各个方面破坏社会主义建设。在共产党领导下的新中国断然采取措施，摧毁旧的国家机器；没收地主土地分配给无地的农民，实行土地改革；对资本主义工商业实行社会主义改造；大力发展生产力，注重发展粮食生产，着力解决温饱问题；对破坏、扰乱新社会的少数反动分子实行镇压，派出自己的军队抗美援朝，打击美国侵略者的嚣张气焰。通过综合性的改造、治理和整合旧事物，新中国的政权不断得到巩固和发展。

改革开放是中国特色社会主义发展过程中，根据生产关系与生产力、上层建筑与经济基础不相适应的情况提出的重大决策。它属于新质发展中，新质内部的整合，为新质所掌握，可有计划有组织地对不适应的旧事物实行改造和整合。40多年的实践证明，中国的改革开放付出的代价最小，收获的成效最大，通过改革旧的社会体制，对社会主义整体质的优化，使社会各方面的人民的主动性、积极性和创造性得到了充分的发挥，从而推动了生产力的发展，促进了经济和文化的繁荣，提高了人民的生活质量和水平，促使综合国力大大提升，从而使中国在国际上的地位日益提高。

以上改造、整合和改革旧事物、旧体制的典型范例告诉我们，矛盾转化后的新质在其建立和发展过程中，要依据旧事物的性质、状态及其影响情况结合自身的情况、发展目标及其相互关系状况，对旧事物、旧体制采取相应、及时、得力的改造、整合和改革的措施和办法，在保持稳定的前提下，充分调动一切可调动的力量，充分利用一切可利用的条件，整合一切可利用的资源，为我所用，发展新质。

矛盾转化后的旧事物的文化意识形态对于新质的影响是一个很值得注意的问题，必须特地提出来，以引起足够的重视。

文化包括的内容很广，门类很多。文化有累积效用，中国是一个文明古国就是这个原因。文化的辐射是全方位的，辐射社会和人的方方面面；文化直接作用于人的头脑，对人的所有活动产生直接影响。可以说，文化就是历史，就是现实，就是环境。没有文化就没有现代的人。我们感谢前人留下的宝贵文化财富，它是我们现代人的空气、水和食物。没有空气、水和食物，人就不能生存。历史文化怎样才能为我所用？历史文化都是在特定的历史条件下形成的，有其历史必然性、合理性，有强大的生命力，有香花，有毒草，新质事物要有科学的态度，兼收并蓄，批判吸收。我国秦朝统一六国，建立大一统封建社会后只二世就灭亡了，而明朝为什么可以维持了将近三百年呢？人们往往归结为秦统治者昏庸苛政，但这样的认识是不够的，根本原因在于新事物即秦王朝建立大一统封建社会稳态水平较低。秦虽然从政治上，尤其是在军事上统一了六国达到暂时的稳定，但从文化的角度看，即从旧事物的影响看，真正的稳定远没有实现。从战国时期的板块文化到大一统封建王朝的统一文化，就需要一个比军事上、政治上统一更长的过程，不是光靠强制的手段就能实现的。

我们古老的中国经历了几千年的艰苦奋斗，有鼎盛文明的历史，也有惨遭挫折的年代。但不管是在什么时候，中国人民始终在进行不懈的探索，特别是近百年来，中国究竟要走什么道路，无数革命先烈为之奋斗和寻求，中国共产党一成立，就把外来文化马克思列宁主义作为指导思想，并根据中国的实际情况确定走社会主义道路作为历史的选择。进入社会主义后，主要因为照搬苏联模式，社会主义建设出现失误和挫折。为什么我们党两次吸收外来文化，却取得完全不同的结果？新的选择再次摆在中国人民面前，中国必须走自己的路，走中国特色社会主义的建设道路！中国改革开放的实践证明，中国特色社会主义实践是成功的，它有强大的生命力。为此，矛盾转化后的新质对于来自旧事物文化方面或其他方面文化的影响，不管是外来的、古代的、现代的，不管是哪一方面的，都必须依据自身现在的实际情况及其发展目标把它们有机地结合起来，寻找出符合自身实际的新理论、新政策、新思路、新办法，整合一切积极因素，为新质所用，使新事物永远充满活力，建立矛盾统一体。

矛盾转化后产生新事物，新事物对于旧事物的包容、改造和整合是自然、社会、思维不断发展的必然环节，影响甚大，也是我们必须面对和经常从事的工作。为拓宽认识世界的视野，更加有效地改变世界、创造特色，必须把矛盾转化后新质对于旧事物及其各种要素的整合问题提高到哲学的高度来认识，并为此付之于行动。

十、结论

唯物辩证法随着科学的发展、时代的进步、实践的深入，必将产生更能适应客观物质世界实际需要，为广大群众所喜闻乐见，深入人心，具体形象而又辩证的哲学世界观和方法论"球体哲学"。它是唯物辩证法的现代发展，也是唯物辩证法发展的现代体现。它伴随着马克思主义哲学的立场、观点和方法的现代发展而不断发展，必将为多数国家所认可、接受和应用，同时被全世界人民普遍接受和喜爱。它吸收人类历史以及现代哲学的精华，融合自然科学和社会科学的成果而形成。在与唯心主义、形而上学世界观的比较、斗争中，不断丰富、完善和发展，取得支配地位，主导世界哲学，这也是历史的必然性。对于矛盾的发展，以前重视矛盾的转化，而忽视矛盾转化后质的优化。优质事物的产生和发展是由质的转化和质的优化协同作用而形成的。矛盾的主体性问题是客观世界普遍存在的，主体性主要指的是目的性和价值性，任何事物都以有利于自身的存在和发展的价值为追求的目的，这说明了在当前创优实践中主体作用的重要性，社会主义革命、改革和建设的全部基础和目的都为人民，社会主义是人民的主义。度体现了质和量的统一，就是万事万物的存在和变化的依据。度与"三点论"中的第三点、"球体哲学"的立体方法相承相通，它是社会科学走向立体化、定量化的基础，对于人们工作少走弯路、少犯错误，达到事半功倍的效果有直接作用。矛盾无处不在，无时不有，矛盾斗争的同一性只是矛盾的一种性质、一种形式。矛盾有显性矛盾和稳性矛盾，两者不同又相互转变，我们要把握显性矛盾，注意稳性矛盾的变化。矛盾运动会受到直接原因、间接原因和终极原因的共同作用而形成现实的运动轨迹。矛盾运动按照矛盾正反因素作用形成的能量对比，产生能基态、能殊态、能梯态、能近态及能洽态，这五种状态决定着事物的即时特征和根本性质，也即事物运动发展的螺旋曲线。必须根据矛盾性质的不同采取不同的解决办法，具体矛盾具体分析，采取对抗的、理智的、习惯的解决办法，促进了矛盾的转化或优化。矛盾新质的形成、发展和矛盾的最佳统一体的建立，必须以积极、认真和科学的态度对待旧事物及其影响，特别是文化意识形态方面的影响，根据双方情况，适时采取切实可行的措施，一切为新质所用，为新质的稳定和发展创造条件。

系统深入且根据实际情况研究矛盾问题，我们就能科学地、具体地、准确地分析和把握矛盾的产生、发展与优化的全过程，把我们的力量用在关键的工作上、关键的环节上、关键的时候，我们的工作将做得更好，达到有效地改变世界的目的。我们的理想目标一定会实现，一定能实现，一定要实现。